Catherine Vanier

La matière du décor

Catherine Vanier

La matière du décor

LA REVUE DE LA CÉRAMIQUE ET DU VERRE

Ce livre a été publié à l'occasion de l'exposition de l'artiste à la Compagnie de la Chine et des Indes, Paris, du 2.12.08 au 18.01.09.

Crédits photographiques : Gaëtane Fiona Girard
sauf Jean-Pierre Girbes : p. 92.

Conception graphique : Nadia Anémiche

61 rue Marconi, 62880 Vendin-le-Vieil
www.revue-ceramique-verre.com

Dépôt légal : octobre 2008
Impression : DeckersSnoeck, Antwerpen, Belgique

ISBN 2-908988-39-9

Sommaire

Rencontre et passions partagées

Philippe Magloire, antiquaire, spécialiste de la céramique islamique

Ma rencontre avec Catherine relève de ces croisements de chemins pratiquement inévitables, dont les effets sont durables.

C'était à l'époque de Bois-Plain (1981-1993), sa notoriété croissante et son dynamisme lui assuraient une bonne cadence d'expositions personnelles. Quant à moi, collectionneur passionné, puis antiquaire spécialisé dans la céramique islamique, j'étais en pleine découverte de la céramique contemporaine sous la tutelle de nos voisins et amis Michèle et Daniel Sarver en leur galerie de la rue Saint-Paul. *La Revue de la céramique et du verre* venait de naître et, lecteur attentif, j'y trouvais matière à conforter mes premiers pas.

J'ai découvert le travail de Catherine en 1987 lors de sa première exposition personnelle qui eut lieu à Paris dans la Galerie Epona. Quelques jours après, je faisais sa connaissance dans ma propre galerie de la place des Vosges. Pièces anciennes sous les yeux et en mains, nous avons découvert que nous avions le même regard et le même penchant pour ces céramiques antiques venues d'ailleurs. Connaissant son attirance notoire pour cet art du Moyen-Orient médiéval, nous avons essayé de préciser ensemble sur quels aspects reposait plus particulièrement son attirance instinctive. Géométrie, abstraction et absence de perspective sont les caractéristiques principales du décor islamique. Pour le potier, cela se traduit par une stricte mise en page de son décor selon une disposition rayonnante ou concentrique mais en contrepartie ceci s'accompagne d'une totale liberté dans l'exécution du décor et le dessin des motifs effectué à main libre. Quant aux détails particulièrement significatifs ils sont légion. Arabesques, spirales, hachures, cercles ponctués, lignes ondulées, palmes et demi-palmes et bien sûr, épigraphie omniprésente. Les formes usuelles sont simples, répétitives, voire normalisées et seul le décor réalisé avec les produits couramment utilisés à l'époque confère à chacune des pièces une personnalité et un charme indéniables.

Tout au long de la période de Bois-Plain, la démarche de Catherine s'exprime dans un très semblable contexte qui n'est autre que celui de la terre vernissée telle que pratiquée depuis des siècles au Moyen-Orient. Terre cuite, engobe variant du blanc au jaune clair, palette de pigments limitée au vert, brun, bleu, ambré, utilisés purs ou mêlées d'argile,

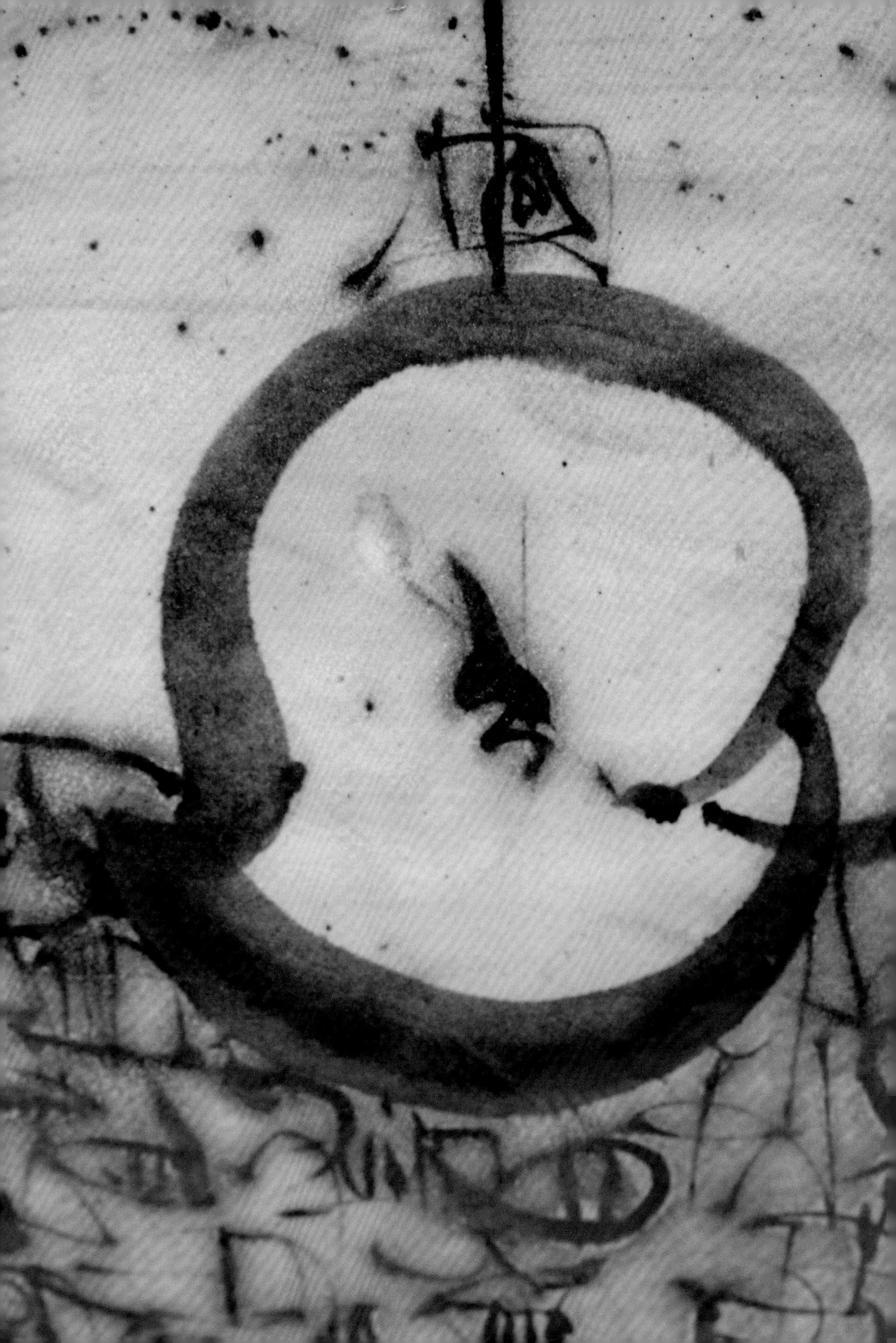

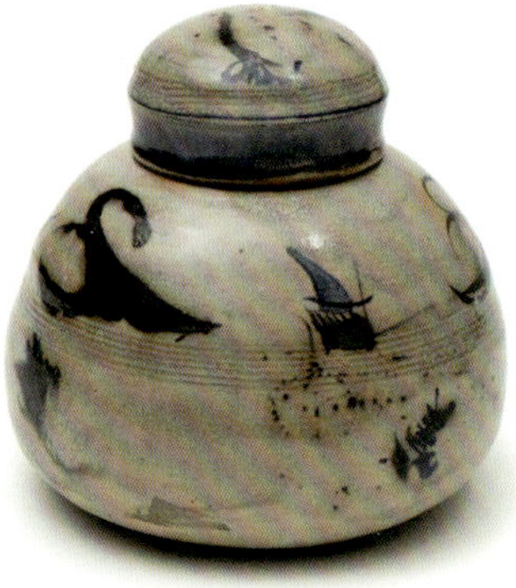

Boîte, 2007. H. 14 x 14 cm. Signé Vanier. Collection Magloire.

glaçure au plomb limpide et incolore. Dans une telle séquence, rien ne saurait perturber la richesse chromatique et la libre expression du décor et Catherine en tire un profit parfaitement exploité.

Loin du pittoresque et de la tradition populaire de notre poterie vernissée, loin également de tout pastiche d'un décor islamisant, elle s'exprime dans un style très personnel, imprégné de cette attirance et de cette intime complicité qui l'attachent au Moyen-Orient. Ce style, reconnaissable entre tous, s'illustre par de larges touches au pinceau, posées à main levée, accompagnées de fins décors au trait en une parfaite gestuelle qui génère une tension palpable. Quelques griffures dans l'engobe inscrivent certains motifs dans la matière. On notera des exemples de décors tournants si chers aux potiers de l'islam et le juste accord de l'ensemble sur la forme des pièces. Enfin, Catherine ne laissant rien au hasard, le revers des pièces et l'intérieur des couvercles sont eux-mêmes décorés.

Épaulée et libérée à l'époque des contraintes techniques de la production, Catherine a pu s'abandonner à sa passion du décor et, dit-elle, c'est en rêvant le pinceau à la main, qu'elle trouve ses plus grandes joies. Catherine manipule et apprécie les proportions et le galbe de chaque pièce à décorer, attendant que sa main soit attirée. Alors commence la danse des pinceaux. L'amateur familier de la terre vernissée tombe sous le charme de ces décors hors du commun et se met à son tour à rêver de vagues déferlantes et de vols d'oiseaux dans un ciel zébré de hachures.

L'époque Bois-plain arrivant à son terme, Catherine s'établit à Bissy-sur-Fley, et remet alors en cause tous les paramètres techniques de sa production. Tout sera modifié : four, choix des terres, engobes, glaçures. Les débuts sont difficiles mais grâce à l'aide et aux conseils de ses pairs, elle fait front et parvient aux résultats qu'elle espérait. C'est lors de cette période de mutation que nous avons accueillie dans notre galerie une très belle exposition de Catherine. D'un commun accord nous avions laissé quelques vitrines de céramiques islamiques, la cohabitation s'avéra parfaite et les visiteurs ne manquaient

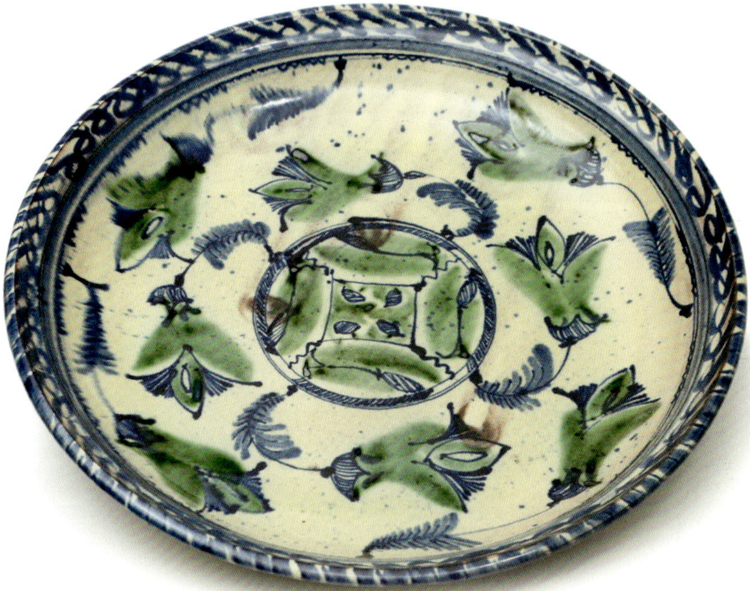

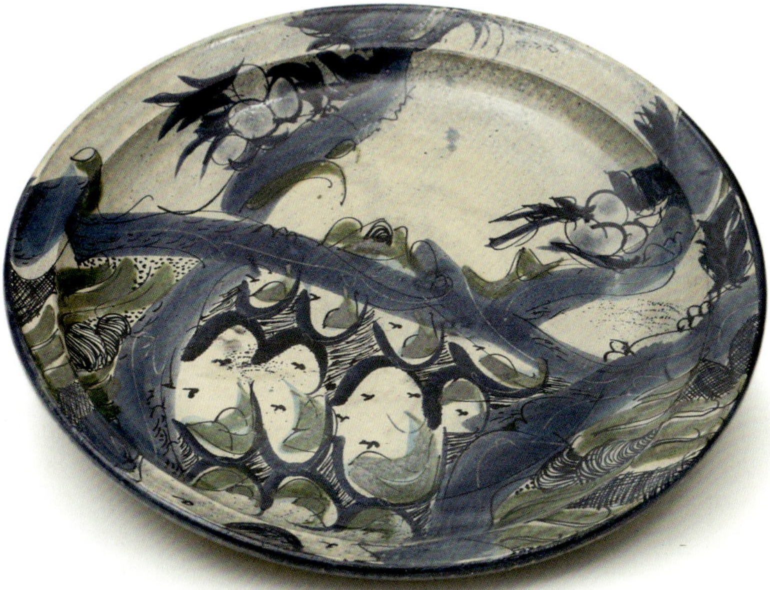

Grands Plats, 1987. H. 7 x 50 cm. Signé Vanier Bois-plain - 1996. H. 7 x 50 cm. Signé Vanier. Collection Magloire.

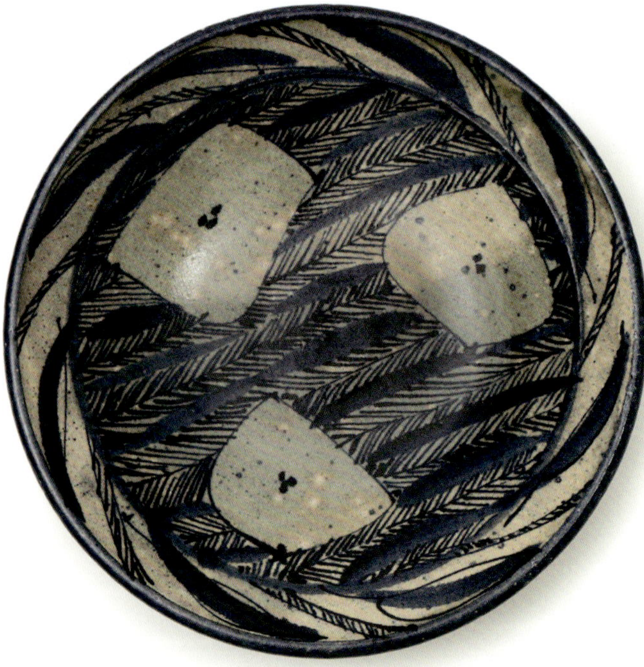

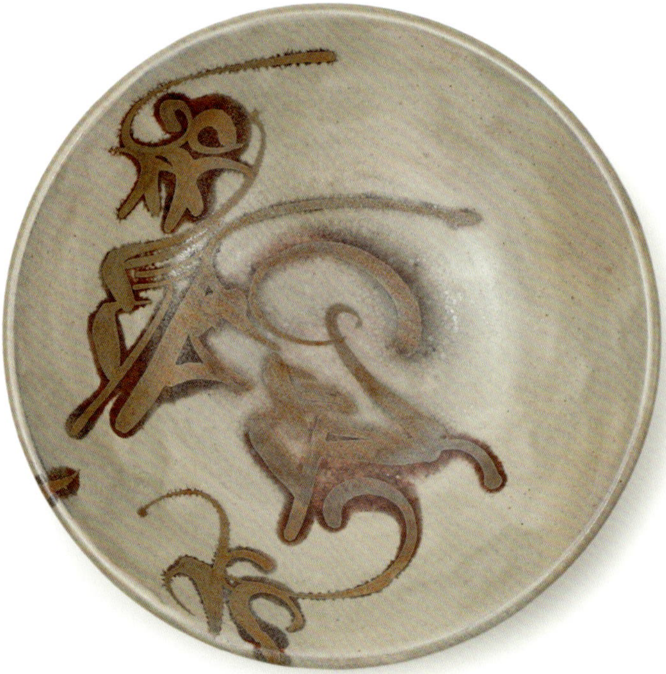

Coupelles, 1998. H. 6 x 21 cm - 2007. H. 5 x 21 cm. Signé Vanier. Collection Magloire.

pas de s'en étonner. Passée la période de mise au point, Catherine peut alors se livrer à des expérimentations et améliorations de détail, conduisant au parfait niveau de qualité obtenu aujourd'hui.

Désormais la mise en valeur du décor est totalement assurée, le rôle jadis effacé de la matière dans le domaine de la terre vernissée devient partie prenante. L'émail dans sa nouvelle formule présente des tons ivoire aux reflets nacrés sous des aspects changeants plutôt mats. Les larges touches d'oxydes sous l'effet de la réduction s'expriment avec une complexité très spectaculaire, ainsi les rouges et les verts métallisés par taches brillent d'un éclat variant selon le jeu de la lumière. Quant au cobalt resté stable en cuisson, il traduit par les changements d'intensité du bleu, les variations d'épaisseur, fidèles témoins de la course du pinceau.

Enfin pour couronner le tout, la nouvelle glaçure légèrement voilée et à l'éclat modéré introduit une touche de sensualité bien éloignée de la froideur tonique et du chromatisme vif de la terre vernissée et pour ne pas quitter le domaine du rêve on y retrouve la patine du temps. Moyens et méthodes ont changé, mais qu'en est-il du décor et du style de l'auteur ? Eux aussi ont évolué vers plus d'audace, plus de liberté et de contrastes, ce que permettent les nouvelles matières, mais le grand principe demeure : peindre avant tout. Sur les grandes surfaces régulières des plats, plaques et grandes boîtes, on ne peut manquer d'évoquer la peinture de chevalet et, c'est précisément dans les grandes boîtes couvertes que la présence de Catherine dans son style actuel est le mieux perceptible, chaque face est une petite esquisse abstraite que le décor des arêtes réunit comme dans un panoramique. Épaule et couvercle animés de hachures et de lignes sinueuses associées à de larges touches colorées terminent le tout par leur volume différemment traité.

Le trait marquant de cette belle carrière, c'est d'avoir gardé intact un style si personnel et de l'avoir mûri au gré des changements et d'avoir gardé vivace une volonté d'innovation et d'expérimentation que le recul illustre parfaitement. Ainsi Catherine poursuit-elle actuellement sa quête du Graal *« le lustre métallique à l'ancienne »*, recherche et mise au point qui ont toujours fasciné les céramistes car notoirement pleines de difficultés. Nous voici donc revenus au propos initial : le penchant et l'attirance pour l'Orient, terre d'origine de cette si secrète technique.

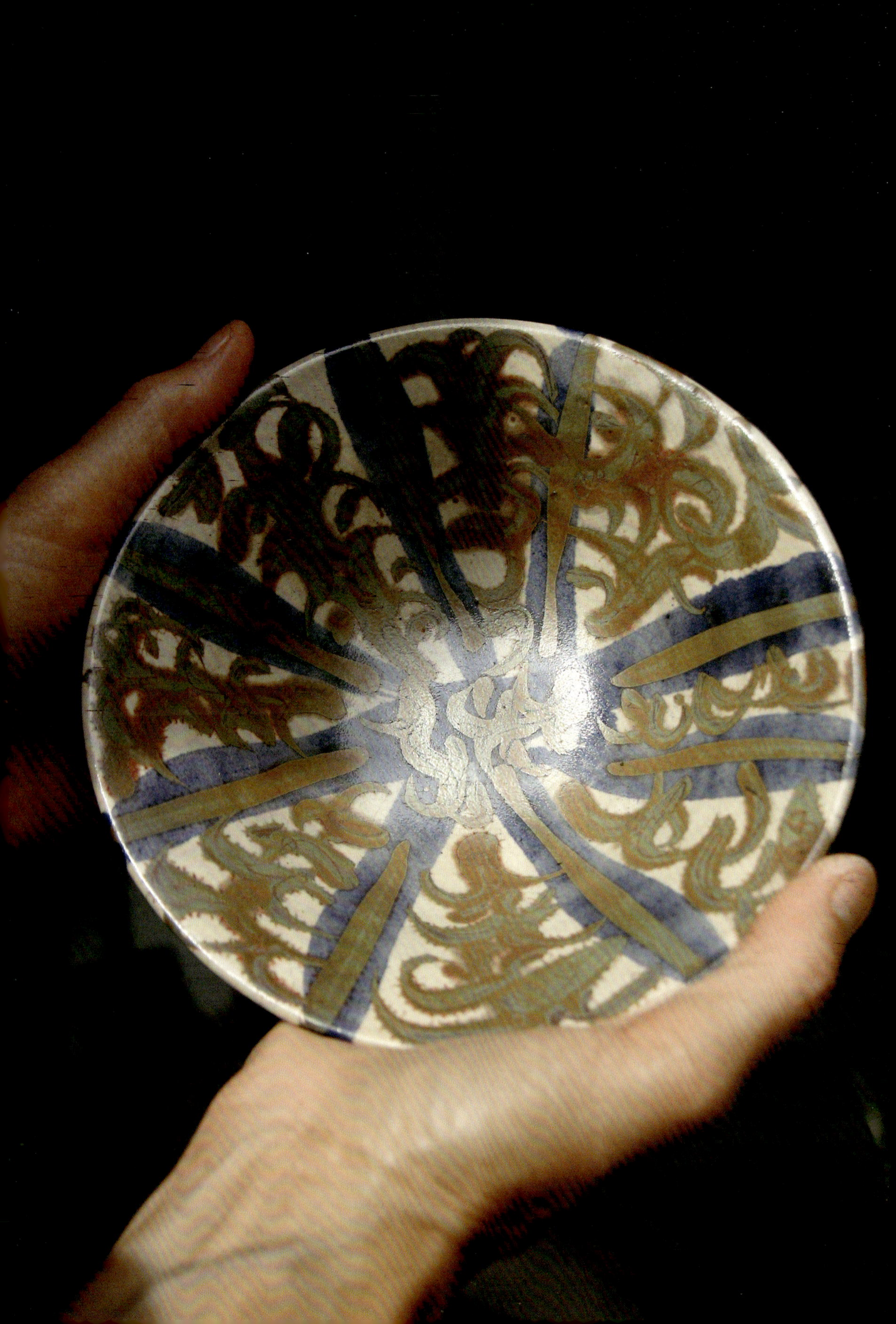

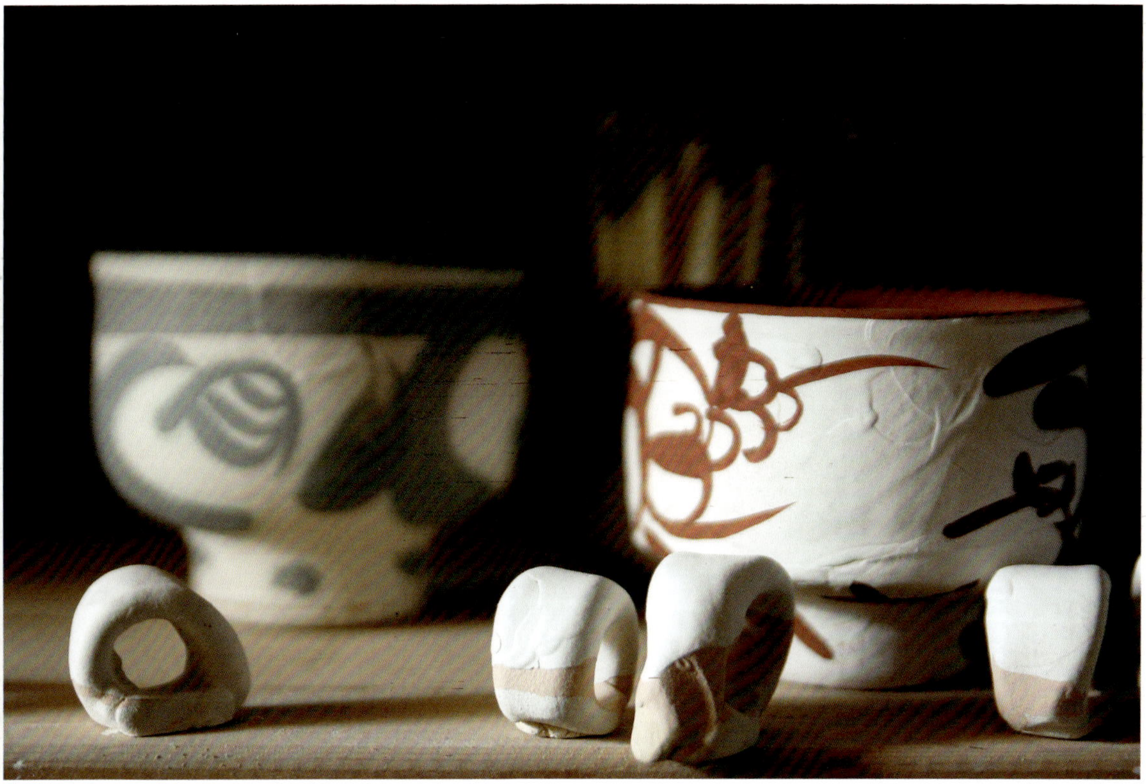

Coupelle, 2008. Lustres et cobalt. D. 17 x 6 cm.
Bols, 2008. Décors de lustres sur émail cru.

Le décor, une nécessité

Entretien avec Daniel de Montmollin, potier, chercheur et écrivain

Daniel de Montmollin — ***Voici bien des années, je me rendais souvent chez Philippe Lambercy, quand nous réinventions ensemble les émaux de grès. Un jour, je remarquai sur la table où nous prenions le café un petit carreau, une* catelle *décorée, comme on disait alors aux Arts Décoratifs de Genève. – C'est de Catherine, une de mes élèves françaises, particulièrement douée, me dit Philippe. Alors, comment réagis-tu aujourd'hui à cela ?***

Catherine Vanier : Je ne savais pas ! Je suis très touchée, et heureuse, d'entendre ces mots de ta bouche ! J'ai souvent eu l'occasion d'évoquer avec toi, ma profonde affection pour ton ami Philippe. En réfléchissant à mon passé, je prends conscience d'avoir eu, tout au long de ma vie, la chance de rencontrer des personnes qui m'ont orientée dans le sens qui convenait, au moment adéquat. J'ai fait partie de ces nombreux adolescents qui ne trouvent pas, dans l'enseignement scolaire traditionnel, l'humus qui convient à l'épanouissement de leur personnalité. La première perche tendue, je la dois à mon professeur de dessin, elle-même peintre, qui me conseilla de passer dans un autre cycle où je me sentirais plus à l'aise, et me prépara activement à l'entrée au lycée Ganneron : exercices d'observation et de perspective, travaux sur la couleur, instillant en moi le désir de pénétrer ce que je voulais dessiner.

D. M. — ***Tout cela sur papier, j'imagine ! Tu n'avais pas encore fait connaissance avec l'argile.***

Non, mais cela allait arriver, de manière providentielle, au lycée Ganneron où je me suis vraiment sentie dans mon élément car le dessin y était primordial. La formation complète, très sérieuse, visait à former les élèves au décor sur porcelaine et sur faïence, ce qui leur permettrait, ensuite, d'entrer dans l'atelier des décors d'une manufacture. Jean Hury, excellent pédagogue, élève de Pierre Roulot, nous incitait à profiter des vacances scolaires pour dessiner et peindre. À chaque rentrée nous en parlions, c'était magnifique ! Un jour j'ai repéré un tour à pied dont Jean se servait pour son propre travail. Il accepta de m'initier au tournage, le samedi, hors des horaires scolaires. Grâce à lui, j'ai découvert le plaisir de la terre.

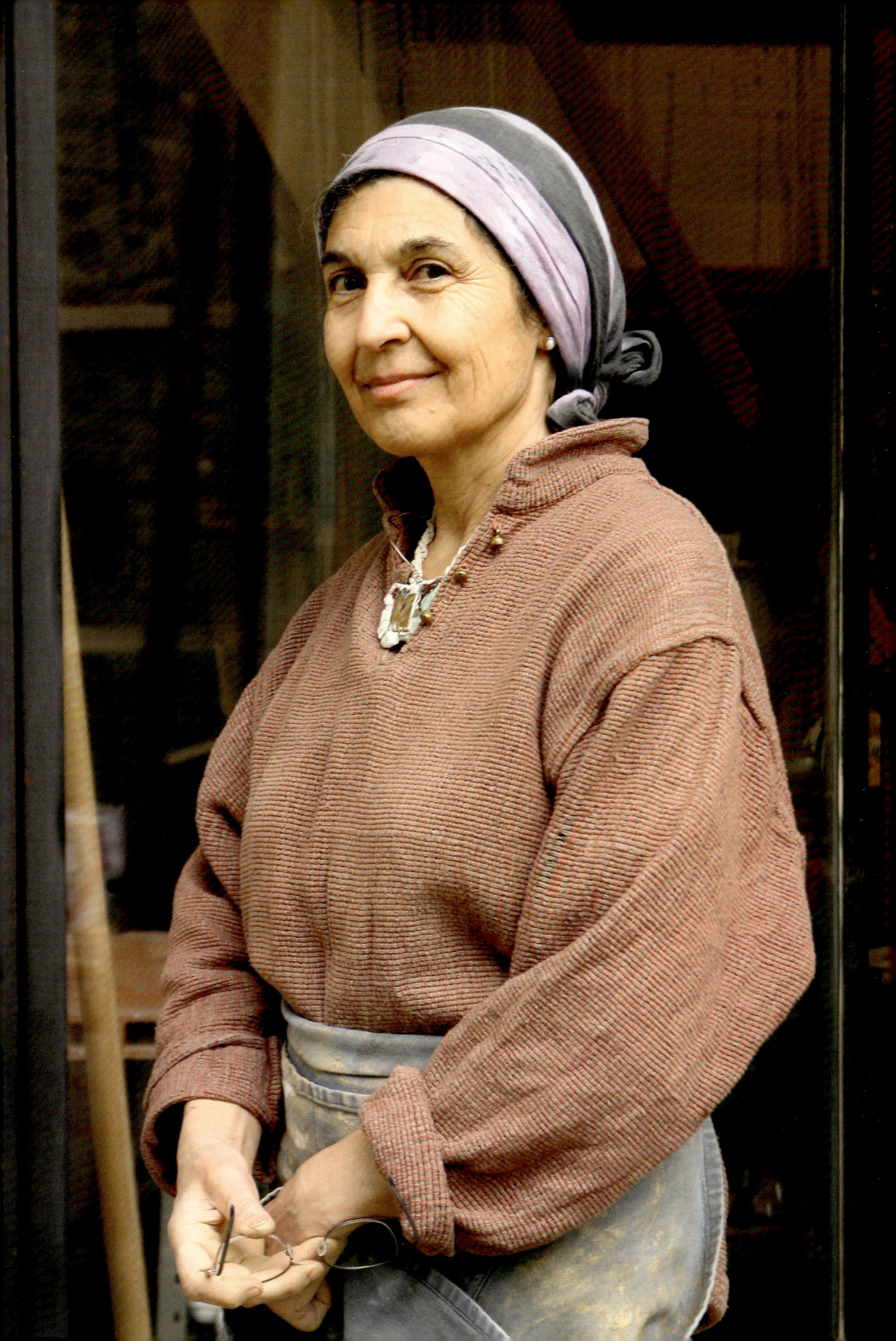

D. M. — ***Un diplôme de Ganneron ne permettait-il pas aussi l'entrée aux Arts Décoratifs, à Duperré ?***
Lorsqu'en troisième année j'ai réussi la première partie du diplôme de Ganneron, je pensais poursuivre en ce sens mais l'été qui a suivi j'ai rencontré, à Vallauris, Monique Warenska et Michel Barbier. Le hasard fait bien les choses : ces deux anciens élèves de Philippe Lambercy m'exprimèrent avec chaleur leur admiration pour la qualité de son enseignement à l'École des arts décoratifs de Genève et leur attachement à sa personne. Je décidais de tenter ma chance. Mon dossier de dessins sous le bras, je fus admise sans examen d'entrée et, de plus, directement en seconde année ! J'avais 18 ans.

D. M. — ***Je reconnais bien là Philippe et ses dons de discernement ! J'imagine que pour toi, en dépit de ce brusque changement de décor, tu te rapprochais de cette secrète intuition qui orientait ta vie...***
Oui, j'avais enfin le pied à l'étrier, avec, à la clé, l'acquisition d'un métier comme support d'une démarche créative. Dès lors, le tournage, les recherches de formes, les techniques de l'émail devinrent le passage obligé en vue d'une construction personnelle...

D. M. — ***En somme, une formation des plus classiques ?***
On pourrait le croire, mais la personnalité de Philippe, son grand respect, sa présence auprès de chacun de ses élèves, sa manière de parler, dont chaque mot avait en nous sa résonance, ses silences aussi, souvent intimidants, tout cela constituait un enseignement d'une extrême subtilité, une intériorité qu'il nous infusait peu à peu... Philippe nous apprenait à creuser notre propre sillon en toute liberté. Il tentait de nous guider toujours avec finesse, apportant ses livres afin de nous faire découvrir les céramiques anciennes d'Orient et d'Occident. Il nous avait aussi procuré la traduction française du *Livre du potier* de Bernard Leach par Antoine de Vinck.
Les ouvrages sur la céramique étaient rares à cette époque, plus rares encore leurs éditions françaises. Je me souviens avoir acheté dans une librairie ancienne, rue des Beaux-Arts à Paris deux livres très chers : l'un, en allemand, sur la céramique chinoise ancienne, l'autre en anglais. La même année, je me suis offert la traduction française de la première édition d'un ouvrage sur la céramique Tang ! En 1963, lors d'un voyage à Londres à la découverte du Victoria & Albert Museum, j'en trouve un sur les pichets médiévaux anglais et un autre sur les bols du Japon, dans une édition de ce pays... Parallèlement, au fin fond de sa librairie, une amie me trouve « Cerámica y Vidrio », dixième volume des *Ars Hispaniae* de Ainaud de Lasarte, paru en 1952, en espagnol.

Cette petite documentation ainsi que la fréquentation de certains musées constituèrent pour moi un enrichissant terreau.

D. M. — ***En dehors de l'École, j'ai le souvenir que Philippe accueillait certains de ses élèves dans son propre atelier et même les heures qu'ils y passaient comptaient dans le temps des études.***

De cet atelier je garde un souvenir très vivace. Je pense, par exemple, à cet hiver si froid que Philippe nous conseilla de rester chez nous, au chaud, et de faire des exercices sur papier sur le thème : taches et traces. La suite de cette proposition, nous l'avons découverte au printemps suivant, dans son atelier personnel, où il nous invita à reprendre ce thème pour décorer sur support de terre vernissée : tournage, engobage, décor au barolet : une vraie joie de travailler dans son jardin ! Les cuissons au gaz et au bois nous introduisaient dans un monde totalement nouveau !

Je suis restée trois ans son élève. Philippe était présent chaque après-midi et le mardi toute la journée, jour qui me devint très précieux ! Ce qu'il t'a dit à mon sujet me fait comprendre aujourd'hui pourquoi il me proposa de partager le repas du mardi midi avec lui, Elisabeth et les enfants ! Sans doute voulait-il mieux me connaître, me comprendre ! L'ambiance était si harmonieuse, si juste pour moi : je crois que j'ai reçu là une grande part de mon « ossature ».

De la maison à l'atelier, à travers le jardin, apparemment laissé à lui-même, c'est avec ferveur et timidité que je suivais Philippe qui me parlait de son travail.

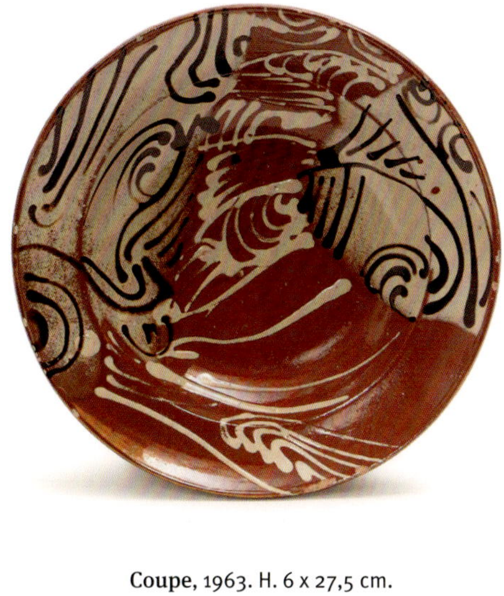

Coupe, 1963. H. 6 x 27,5 cm.

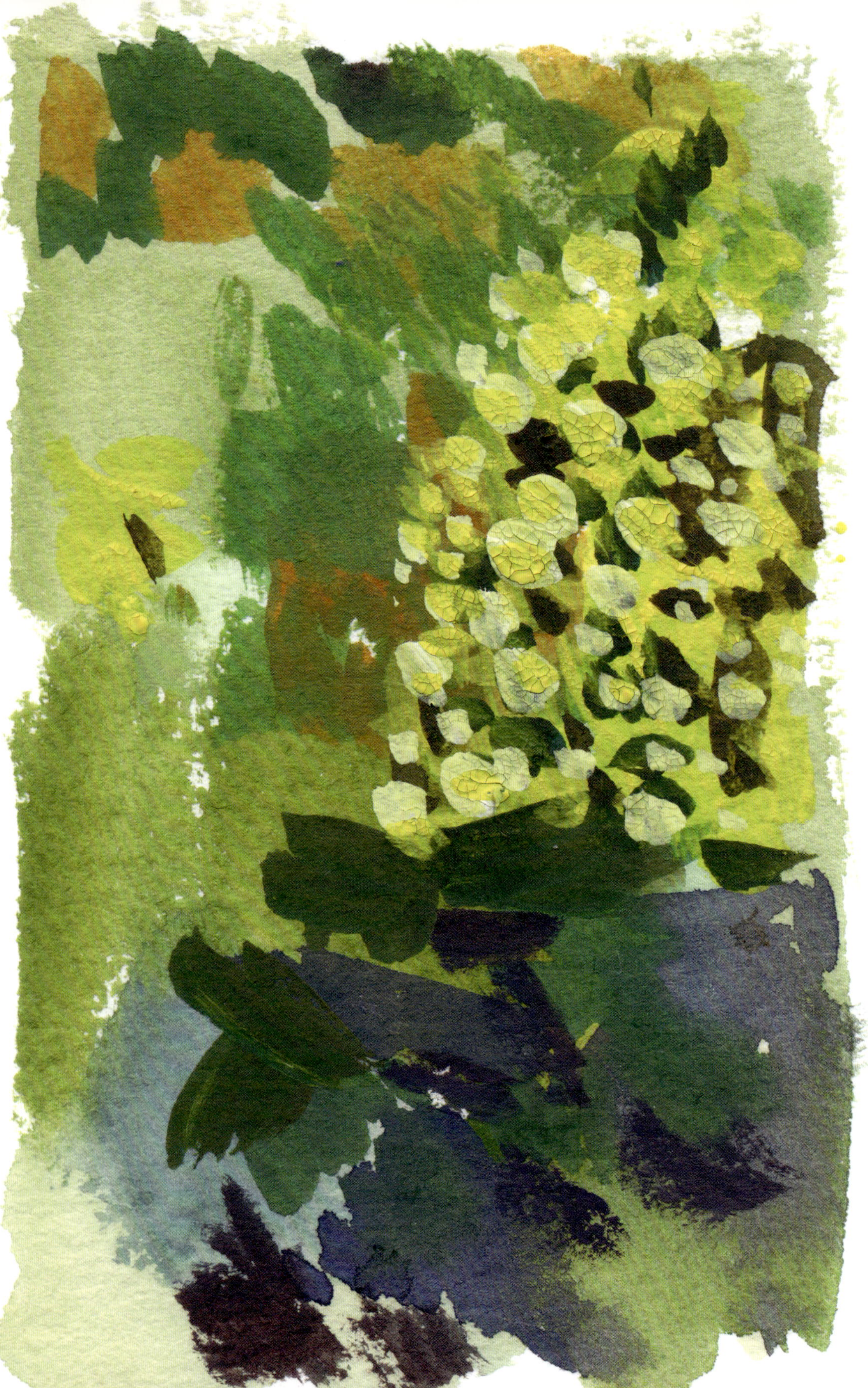

D. M. — ***Comme pour tant de ses élèves, le diplôme était bien davantage qu'une feuille de papier ! Il signifiait que vous étiez prêts à avoir votre propre production !***

Avec le recul je pense qu'il aurait été préférable de découvrir des ateliers différents, de travailler chez d'autres potiers mais les événements en décidèrent autrement.

Sachant que je n'avais pas d'atelier, Philippe et Elisabeth m'ont proposé, un été, de travailler chez eux. J'y ai préparé une ou deux cuissons : un travail qui sera très déterminant pour la suite, un décor à l'oxyde de cobalt sur émail blanc à 1200 degrés... Cet été-là, j'ai fait la connaissance de Janet Stedman venue tourner pour Philippe, elle était impressionnante !

En 1966, je m'installe à Carouge, à deux pas de Genève, où est né mon fils, Mathieu, et où j'aménage mon premier atelier : mon four électrique montait à 1200 degrés. Avec Élisabeth Lambercy, j'ai repris un travail sur la connaissance des matières premières et leur mise en pratique systématique par de multiples essais... À cette époque j'ai déniché, en bibliothèque, un in-folio avec des reproductions de céramiques du Moyen-Orient. Ce fut une révélation, j'en étais bouleversée !

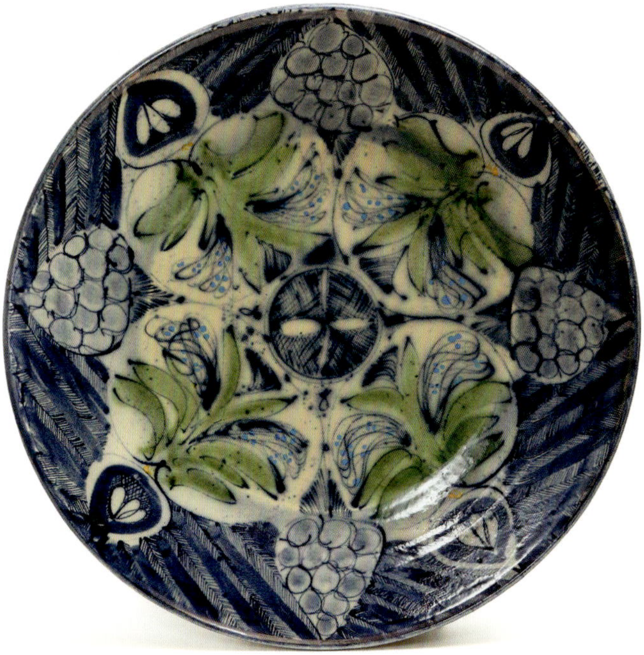

Grande coupe, 1991. Signé C Vanier du Bois-plain. D. 54 cm. Collection Jeanne Hadorn.
« Petit Paysage aux molènes officinales », août 2007. Gouache, H. 11 x 20 cm.

D. M. — ***Une borne kilométrique, un point de départ pour une destination encore très éloignée…***

Au bout de quatre ans, je rentre en France et pose mes valises à Cotignac dans le Var, où, par nécessité plus que par choix, je tourne et décore une production de poteries vernissées unies ou décorées, qui trouvait amateurs en France et en Suisse. Mon mari, Jacques Hadorn se chargeait de la pose de l'engobe, émaillait et cuisait. Le « service commercial », c'était lui aussi.

Ma fille, Jeanne, est née en 1977.

Pierre Bayle, qui cherchait du travail, est venu tourner une semaine, quelle cadence ! De nos courtes promenades je garde le souvenir d'un compagnon émerveillé qui, contrairement à moi, était capable de nommer arbres et plantes, jusqu'aux plus humbles.

Après Cotignac, nous nous sommes installés en Bourgogne, à Bresse-sur-Grosne, au lieu-dit « Bois-plain », de 1981 à 1993.

D. M. — ***C'est peut-être le moment de t'exprimer sur cet autre univers, celui du décor, qui pour toi répond également à une* nécessité intérieure, *comme aurait dit Kandinsky…***

Comme j'ai eu l'occasion de le dire, ma passion pour le dessin remonte loin. Elle est toujours aussi vive !

À Cotignac, comme au Bois-plain, la plus grande part de mon temps était prise par la pose de décors sur des pièces de série, services de table, pichets, saladiers, bols, etc. Aujourd'hui je suis convaincue que ces gestes répétés avec une certaine marge de liberté, m'ont donné une assurance, une force et une grande maîtrise. J'ai pu élaborer mon propre vocabulaire décoratif. Les expositions auxquelles j'étais conviée m'offraient régulièrement l'occasion de façonner et décorer des pièces uniques. Celles qui ont figuré à l'exposition de 1991 dans les musées de Mâcon, Saint-Amand-les-Eaux et Roanne relevaient de cette part de mon activité. Lorsque je me suis installée, en 1993, à Bissy-sur-Fley en Saône et Loire, pour la première fois je me suis trouvée seule, confrontée à mes envies de changements. Je voulais cesser peu à peu toute production utilitaire, il me fallait donc chercher de nouvelles formes. Je voulais obtenir enfin les taches claires auréolées vues et aimées jadis sur des poteries vernissées cuites au bois en réduction. J'en rêvais !

D. M. — ***Il doit être moins difficile pour un peintre que pour un potier de ne plus penser technique ! Ces dix dernières années, tu as pris de nouvelles initiatives, tu es passée de l'électricité au gaz, tu as modifié tes glaçures, opté pour l'atmosphère réductrice à une plus haute température, ce qui a nécessité l'emploi de nouvelles argiles…***

Comme tu as eu l'occasion de le constater, sans savoir comment j'allais m'y prendre, mes initiatives correspondaient à une nécessité impérative ! Pour obtenir ces fameuses tâches de réduction, tu m'as aidé à équiper de brûleurs à gaz le vieux four électrique récupéré : le gaz faisait buller mon vernis au plomb parce que je faisais trop de réduction ! Il me fallait donc changer ma glaçure. Cela paraît simple, mais lorsqu'on modifie un seul des paramètres terre-engobe-émail-cuisson, les autres ne réagissent pas forcément comme on le voudrait.

Il me fallait une nouvelle glaçure ? Ce serait sans regret puisque j'étais lassée du plomb : sur la terre vernissée, j'avais l'impression que mes décors flottaient entre terre et glaçure. Ainsi ai-je opté pour un émail alcalin, modifié ma technique de pose de l'engobe et décidé de biscuiter mes pièces.

À propos de cette aventure, je pense souvent et n'oublie pas que tu as été très présent par tes conseils, par le temps passé à cuire avec moi au début. Ensuite, pendant cinq ans j'ai été en butte à beaucoup de problèmes techniques que je ne comprenais pas... Il a bien fallu qu'un jour je t'en parle et voilà que tu as tout résolu en m'apportant une nouvelle argile, sans chaux, propice à la réduction !

Voilà comment, depuis dix ans, tous les éléments constitutifs de ma poterie, de la terre à l'ouverture du four, m'offrent une vraie matière, blanche, vivante et dense qui reçoit bien mon décor. Au fond cela me ramène à cet été passé chez les Lambercy et aux pièces que j'y ai cuites, à décor bleu sur émail blanc, qui m'avait tant plu. Et maintenant, comme tous les potiers, j'attends de la cuisson un étonnement, une révélation !

D. M. — *Comment sens-tu la différence entre la blancheur du papier et celle de ton nouvel engobe ?*

Une terre blanche crue n'est pas un papier, mais lorsque je pose sur mes pièces le jus d'oxyde noir avant cuisson, je suis dans la même disposition intérieure qu'avec un pinceau chargé d'encre de Chine sur un papier. La relation noir-blanc est identique mais mes pièces sont en volume, et cela fait une grande différence !

D. M. — *Qu'en est-il maintenant de la composition de tes décors ? On est en tout cas loin d'une figuration...*

Des « visages » ou « fenêtres » ont occupé le centre de quelques plats carrés, mais très peu, et je n'en ressens plus le besoin aujourd'hui. Décor de feuilles stylisées, impressions aquatiques ? Mon décor a toujours obéi à certaines règles. Il n'est nullement ludique, il est fait d'oppositions, de tensions. Il semble changer sans que j'en sois consciente.

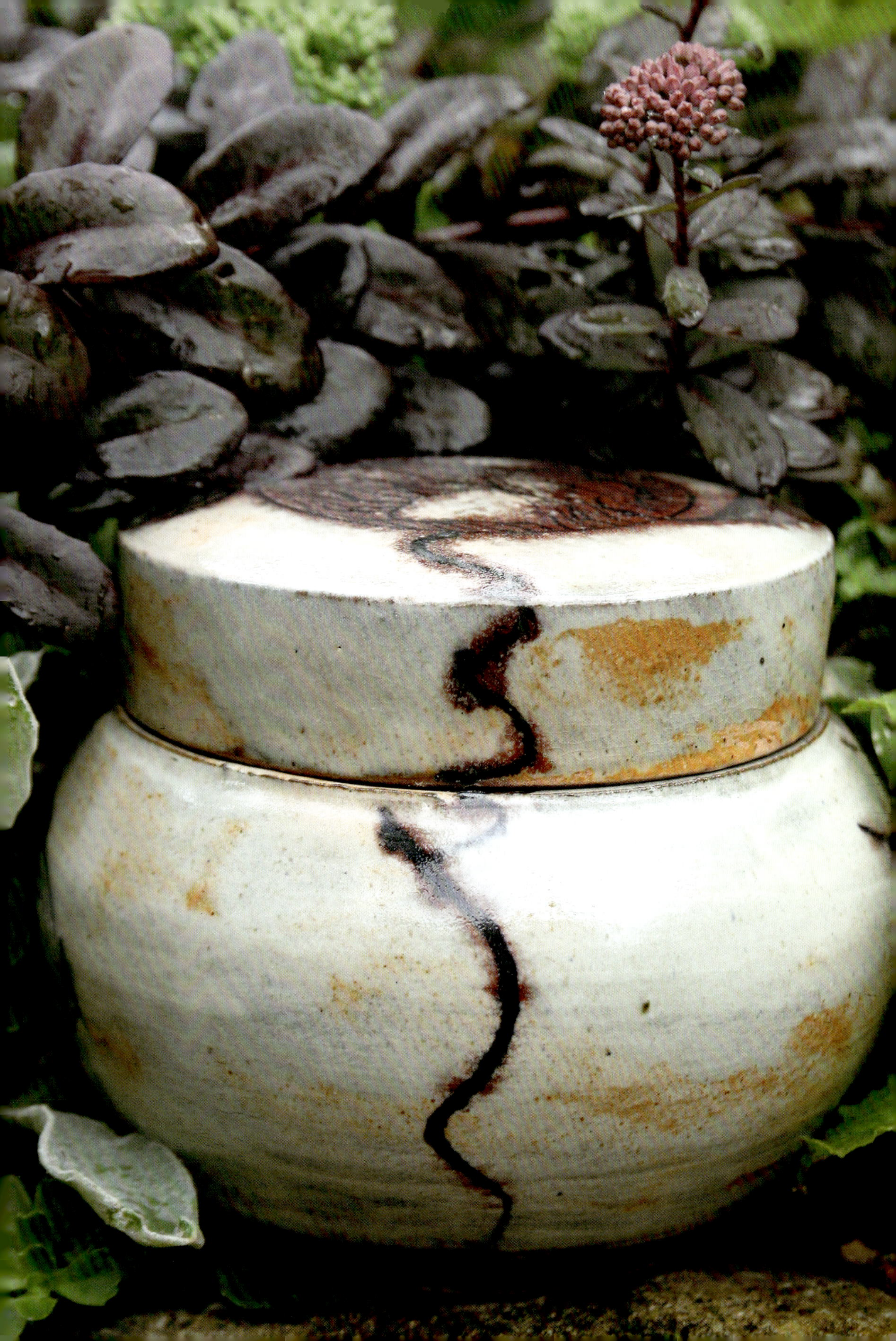

Avant d'aborder de grandes pièces, je fais des gammes sur de petites coupelles, petits bols, petits carreaux... Le décor débute par un geste instinctif, une trace initiale qui sera développée, conduisant lentement à son aboutissement à travers de multiples pérégrinations sensibles. Toute la technique du métier m'amène à cet instant que j'aime toujours autant !

D. M. — *Il me semble que depuis un certain temps la surface dévolue au blanc prend de l'ampleur...*

C'est vrai, je l'ai moi aussi remarqué. Je crois que dans les derniers temps où je décorais la terre vernissée, je remplissais instinctivement presque toute la surface afin d'éviter cette impression de flottement du décor, qui me navrait. La noblesse de mon nouveau fond m'a amenée à réduire ma palette colorée et à aérer mon dessin. Désormais j'éprouve un immense plaisir à mettre en tension motifs et lignes en adéquation avec les formes. Le fond blanc fait partie intégrante de l'ensemble.

Les résultats, bons ou mauvais, de chaque cuisson de ses dix dernières années n'ont cessé de me poser questions, de contribuer à me faire avancer. Et cela continue, c'est à ce prix que l'on progresse. Il n'y a jamais rupture dans ma démarche, mais plutôt lente maturation. Le désir anime tout mon travail, un désir impérieux.

Quand je tourne, je suis totalement dans l'élaboration d'un volume, je ne pense pas à la suite. Lorsque mon pinceau se pose sur une forme, il court sur les surfaces qui lui sont offertes.

Peut-être bien que quelque chose en moi est en train d'évoluer et qu'un jour je laisserai toute la surface blanche !

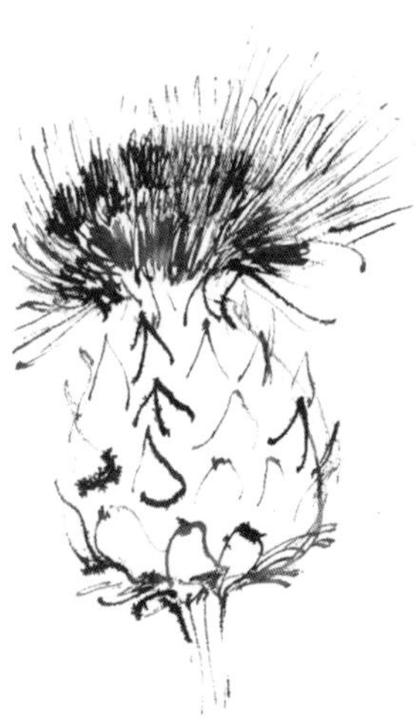

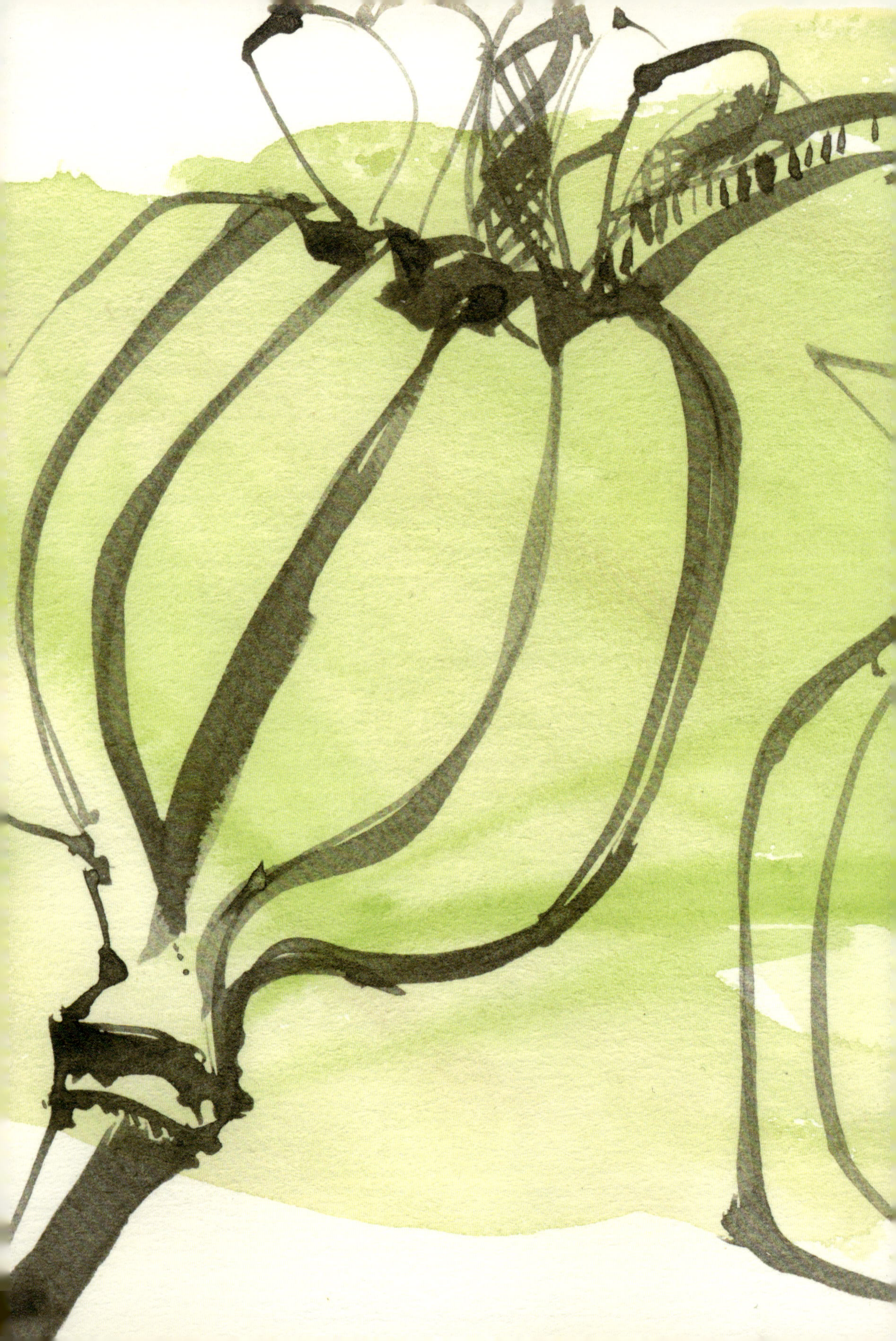

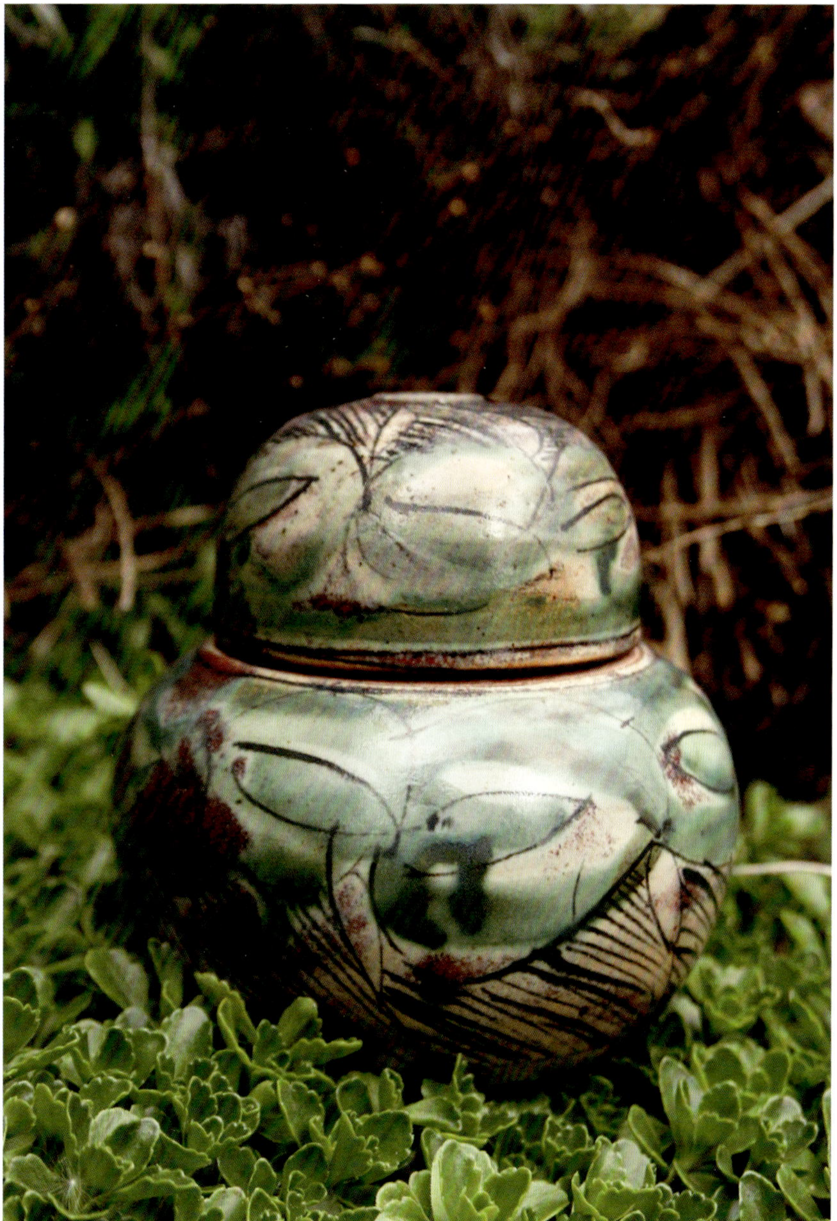

Boîte ronde dans les sédums du jardin.
« Capsules de pavots annuels roses », août 2007. Encre de Chine sur lavis de gouache. 10 x 15 cm.

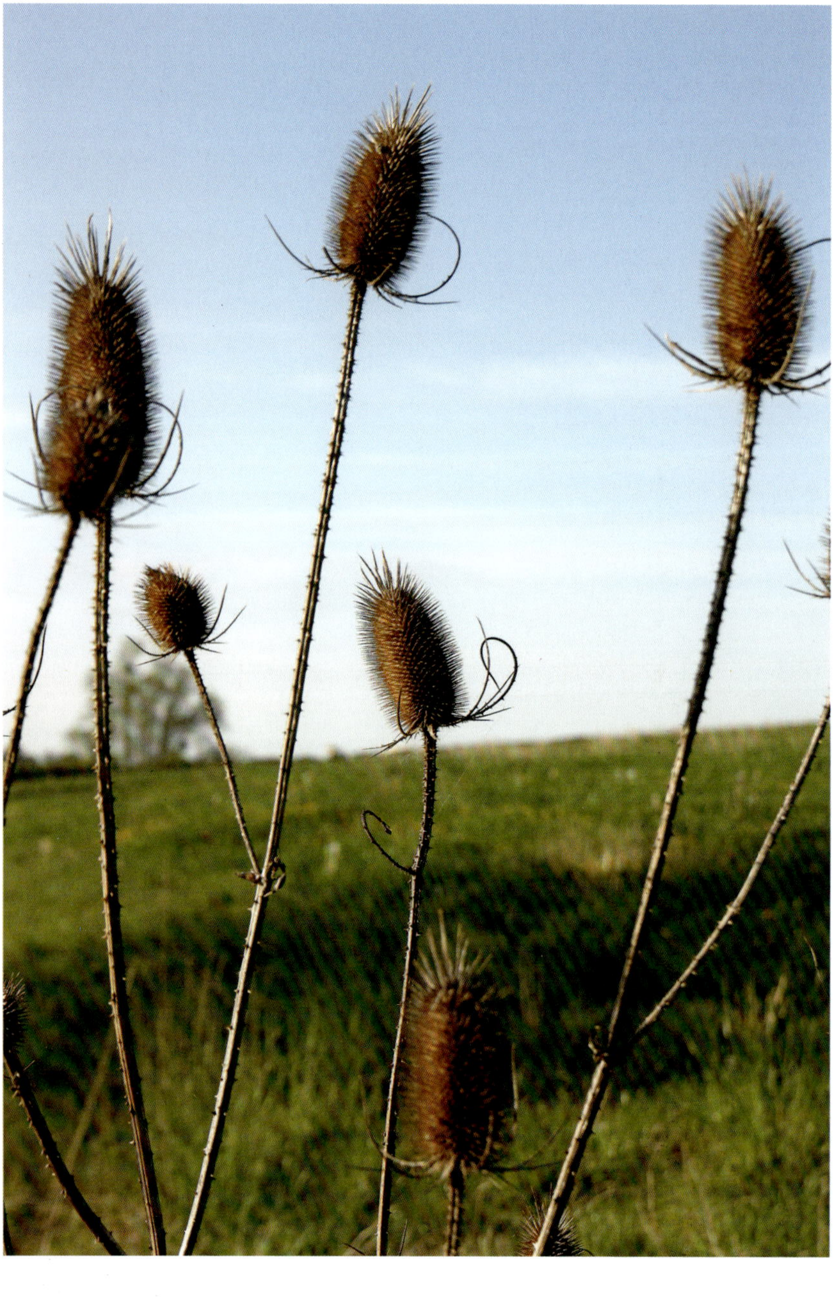

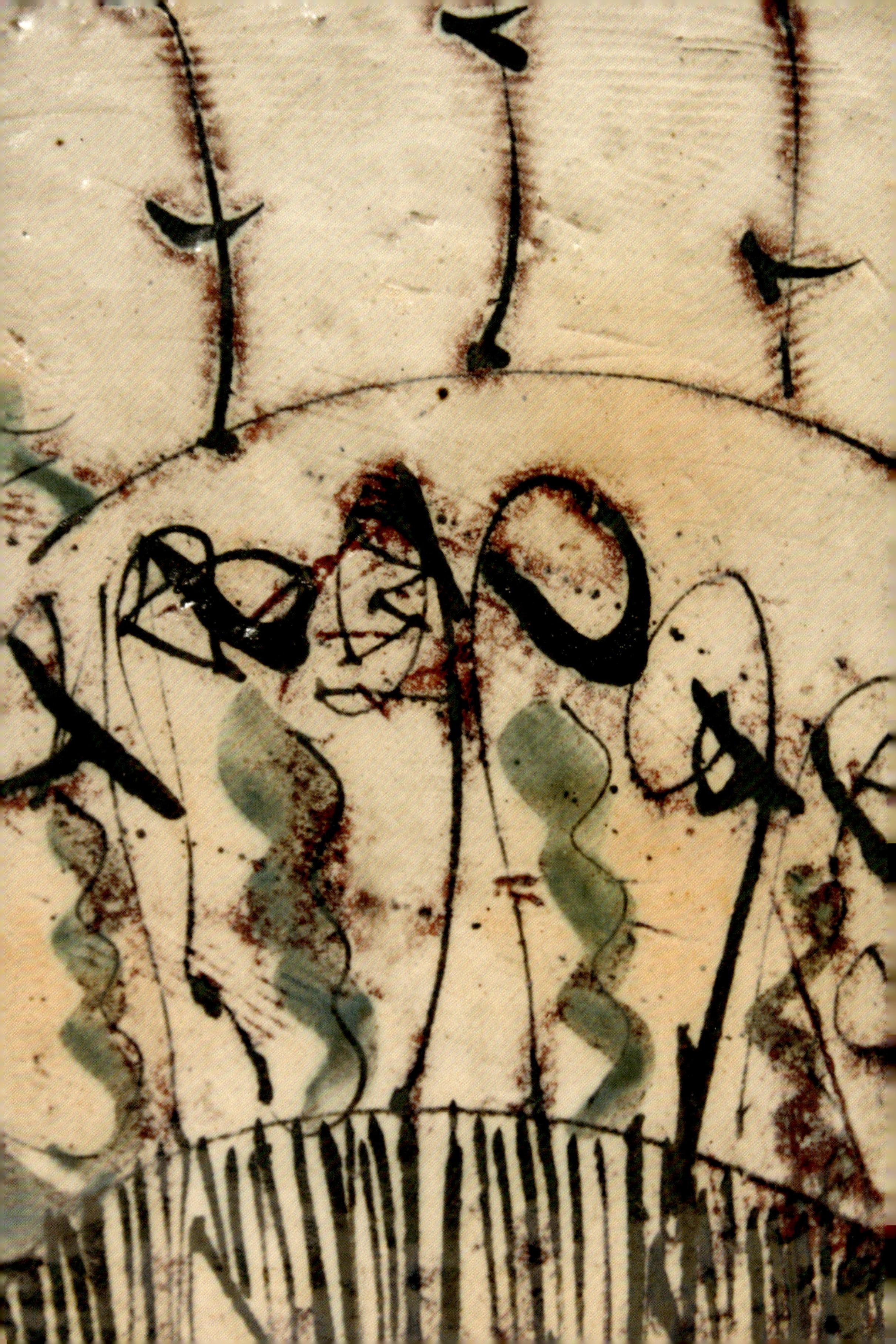

Le langage de Catherine Vanier

Geneviève Becquart, historienne de l'art, conservateur honoraire du patrimoine

Des liens enfouis

L'élégance insigne de Catherine, l'aisance de ses manières frappent toute personne qui la rencontre pour la première fois. Silhouette fine et droite, cheveux noirs d'abondance et d'indiscipline, prunelles sombres dans lesquelles couve une ardeur : de sa personne émane une indicible noblesse.

Si elle affirme n'avoir rien vécu d'autre qu'une vie de bourgeoise occidentale, les souvenirs de son enfance ont stimulé son imagination : une photographie de son arrière-grand-mère en costume juif turc, des bouts de tissus entrevus chez sa grand-mère. À ces éléments ténus viendront se superposer les réflexions sur son allure de gitane ou son apparence de femme arabe, qui, lui devenant peu à peu un sujet de fierté, contribuèrent à alimenter ses rêves !

La lecture de *Vidal et les siens* dont l'auteur, Edgar Morin, est son parent éloigné, fournit à Catherine l'occasion de passer de la fiction à la réalité. Ainsi découvre-t-elle, en 1989, son appartenance à une lignée séfarade qui, partie d'Asie centrale, fit souche en Espagne au Moyen Âge et revint à son point de départ pour échapper aux persécutions programmées à la fin du XVe siècle par Isabelle la Catholique. Son grand-père, Samy Beressi, était membre d'une grande fratrie vivant à Salonique (actuelle Thessalonique), que les troubles du début du siècle dernier contraignirent à émigrer en Italie, en Allemagne et en France. Établi à Marseille il épousa une jeune Française qui donna naissance à la grand-mère de Catherine.

Son intime conviction que de profondes et mystérieuses ramifications la lient au Moyen-Orient, l'intensité de son émotion à la vue de céramiques islamiques sont désormais élucidées par l'histoire : *« quand je les ai vues pour la première fois, je me suis sentie chez moi »*, dit-elle. Ne dirait-on pas que son attachement aux majoliques italiennes et son admiration pour la céramique hispano-mauresque sont les signes de ses pérégrinations imaginaires sur les traces du voyage effectué par ses ancêtres vers l'Europe, sur les traces aussi de la diffusion de l'art de la faïence ?

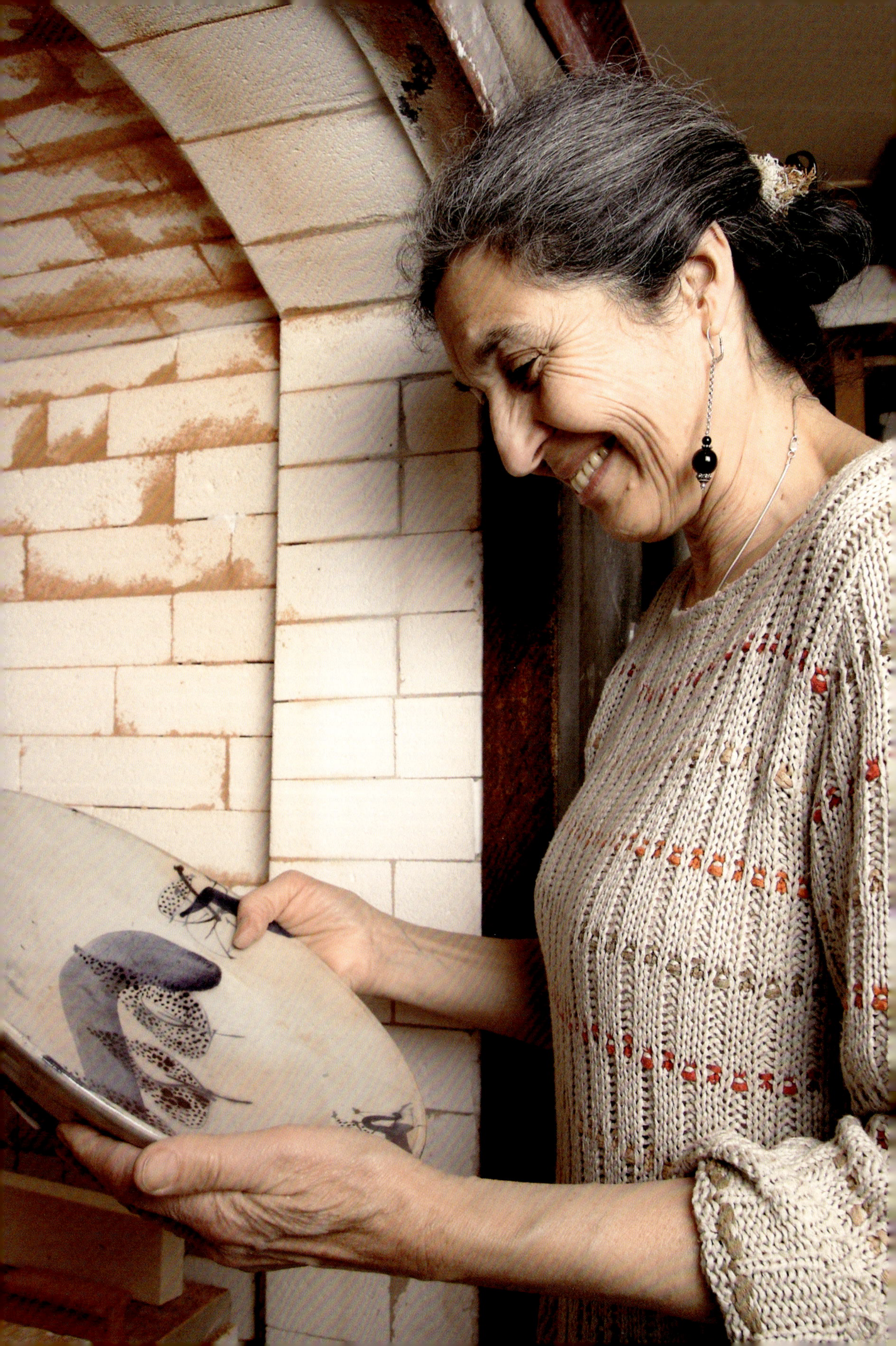

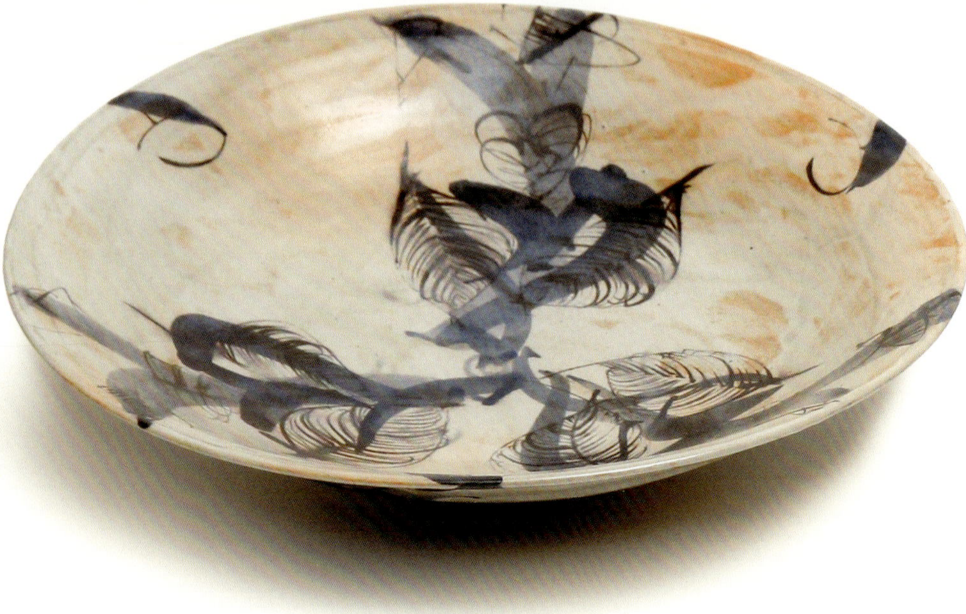

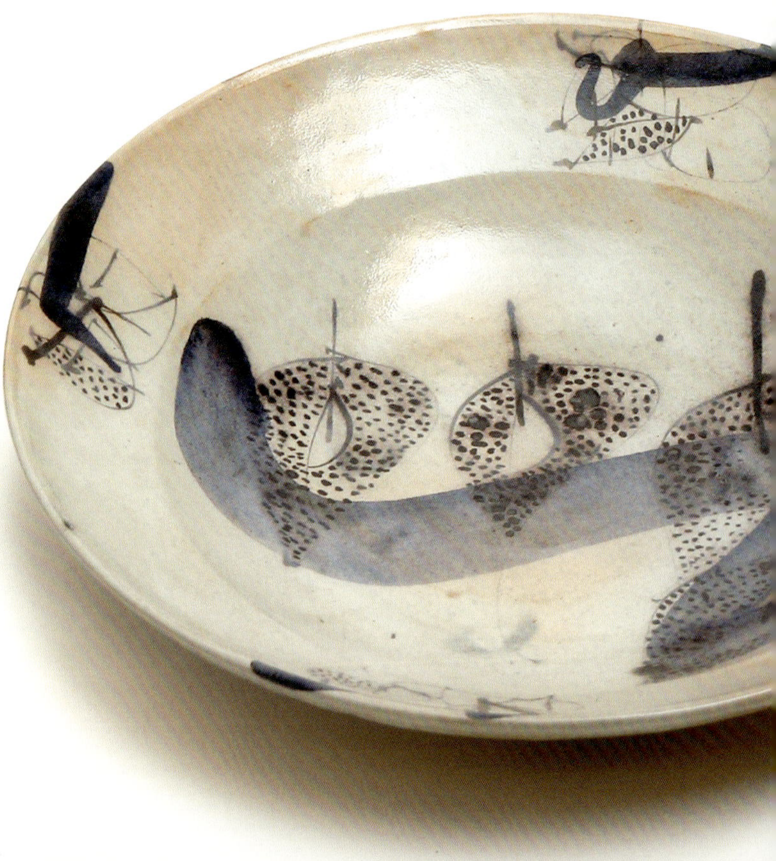

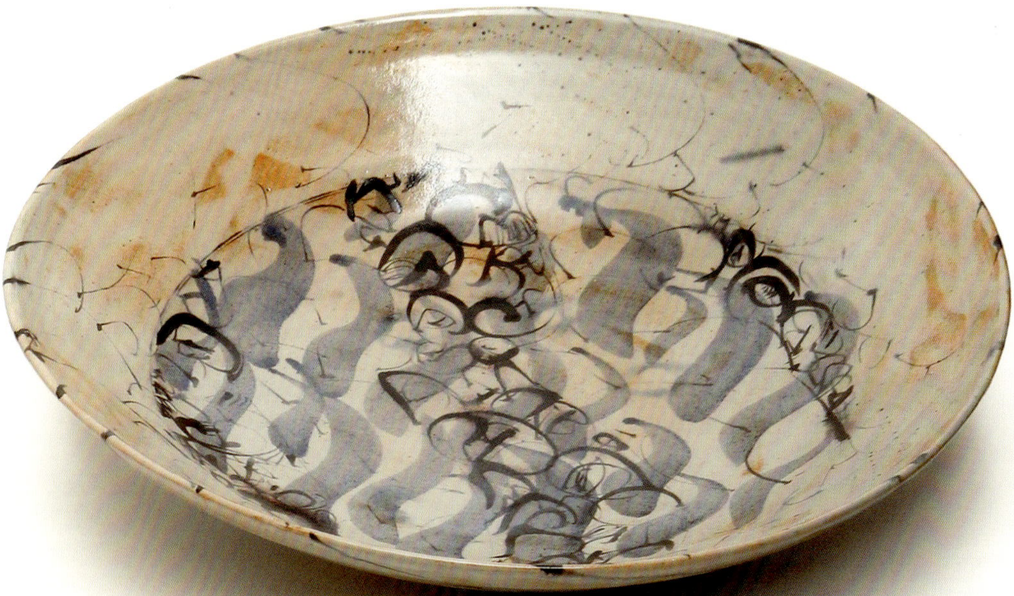

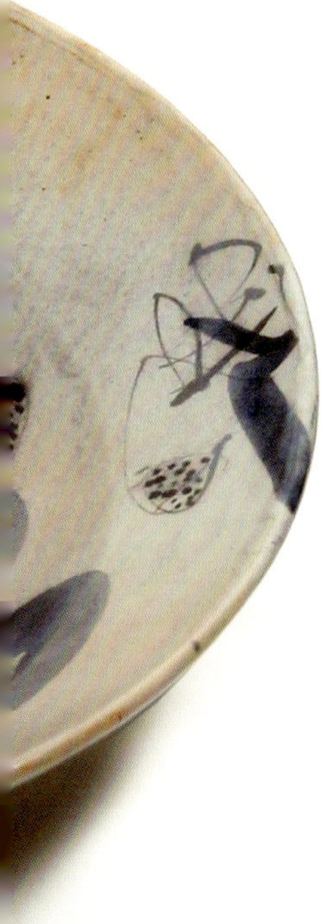

Grandes Coupes, 2008. H. 8,5 x 34 cm.

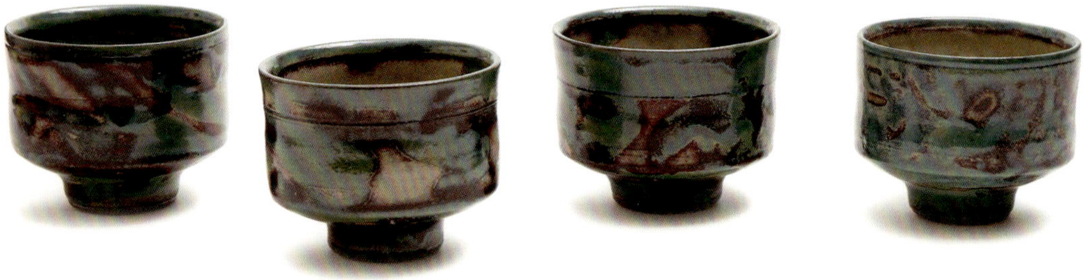

Bols, 2008. H. 5,5 x 10 cm.

Formes

« Persuadée, à tort, que l'usage du tour était exclu de l'enseignement à l'école des beaux-arts de Bourges, j'ai poursuivi mes études à Genève. » Cette affirmation prouve sa ferme volonté d'être potière, maîtresse de la forme, maîtresse du décor.
« Le tour me donnait un exaltant sentiment de puissance. J'avais une façon bien à moi de tourner une coupe, en l'ouvrant jusqu'à la limite de la terre, de l'équilibre, de la tension, bref, de tout ce qui fait qu'une pièce est habitée ! »

Dans ce cadre strict du tournage, elle a l'habitude, très potière, de peser la motte à travailler. La taille de ses coupes (terme qu'elle préfère à assiette et plat, à connotation trop utilitaire), selon le poids d'argile posée sur la girelle, varie de 25 à 50 cm. Catherine aime ce temps qu'elle passe à faire de l'informe un objet, car rien ne réduit la liberté que lui permet son grand savoir-faire.

À la céramique médiévale islamique, diffusée via l'Afrique du Nord et l'Espagne, jusqu'en Italie, elle emprunte la courbe continue de bord à bord que le talon juche en dignité, comme celles dont la largeur de l'aile oblique, plate ou légèrement courbe, reprend le diamètre du fond.

La tradition faïencière européenne lui inspire le bord ourlé des coupes à large fond plat, l'aile discrète qui ouvre un bassin généreux, ou celle qui fait auréole.

Charmée par les pichets médiévaux, Catherine revient régulièrement sur cet objet familier : modeste ou de grande taille, corps pansus ou sveltes, elle les dote de belles et justes anses veillant à ce que le liquide s'écoule sans bavures.

Sur ses coupelles et bols, elle exerce ses pinceaux avant d'aborder le décor de plus grandes et plus complexes surfaces : on ne s'étonnera pas de la variété des formes qu'arborent ces pièces d'intimité, qui fleurent bon le Japon, l'Islam et notre bonne vieille Europe !

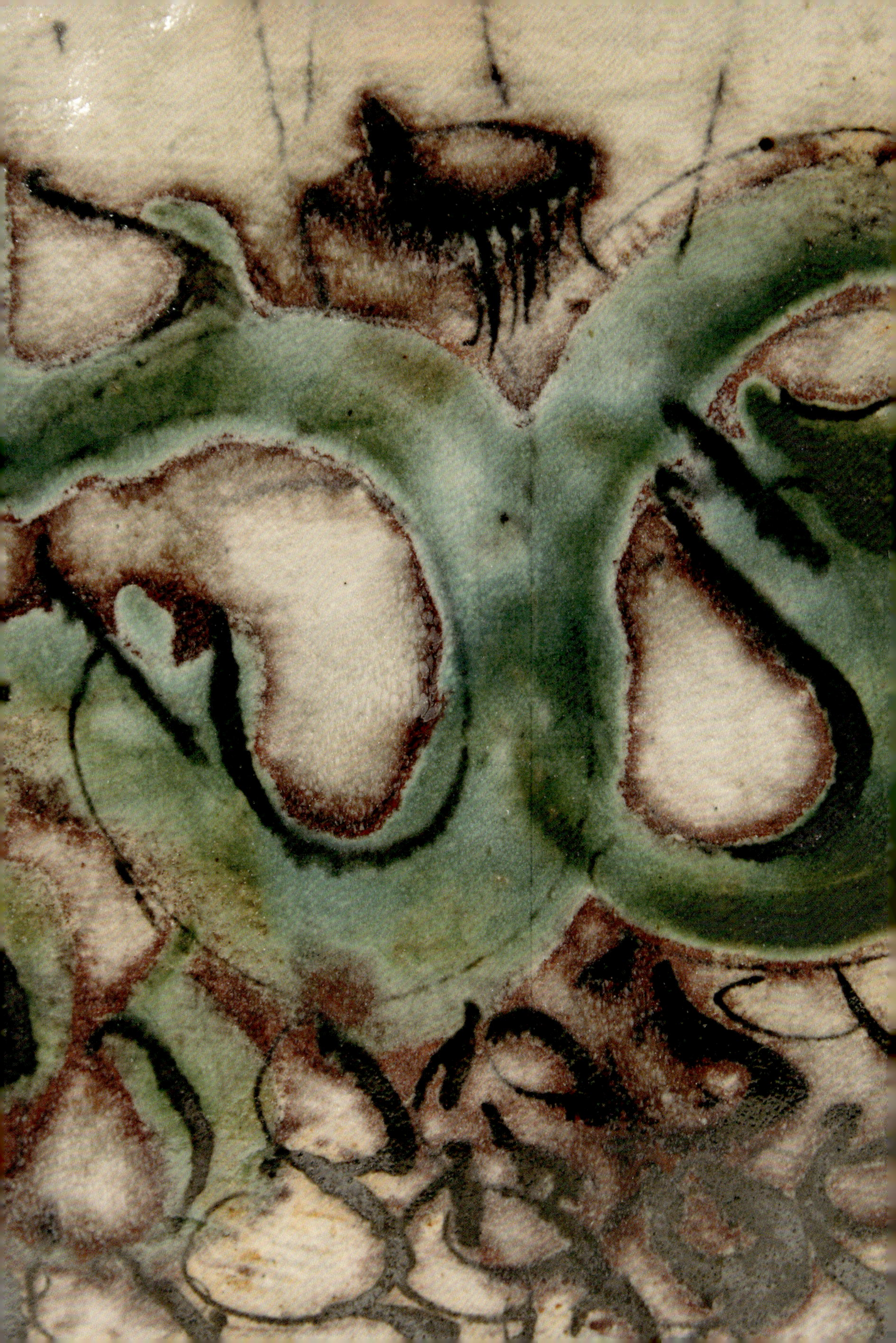

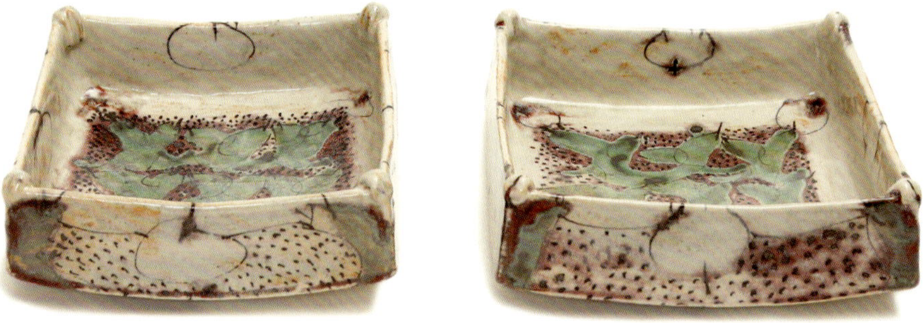

Coupes carénées, 2008. H. 6 x 18 cm.

Le thème de la boîte (terme choisi pour désigner ses pièces couvertes, qui peuvent avoir la taille d'un sucrier ou culminer à quarante centimètres) accompagne Catherine depuis ses débuts. L'une des toutes premières, dont une photographie garde le souvenir, panse généreuse, pieds et prises de couvercle modelés, se souvient des bronzes de la Chine antique.

Avant même de découvrir, à Faenza, les majoliques italiennes de la Renaissance, elle joue du cylindre de l'albarello, ces pots à pieds contenant onguents, décoctions et plantes médicinales qui faisaient la renommée des pharmacies conventuelles et hospitalières et dont la forme se répandit dans l'Europe entière.

Les petites boîtes sphériques arborent cabochons et oreillons, couvercles tronconiques ou bombés : Catherine module ses formes à l'envi, se ménageant autant de stimulants à son geste de décoratrice.

Depuis une vingtaine d'années la boîte à section carrée a sa faveur : une forme totalement originale qui, prenant peu à peu de la hauteur, est devenue l'emblème de son travail. Tournées dans un premier temps, puis mises au carré en ménageant un certain galbe, elles furent bientôt façonnées par l'assemblage de plaques dans la stricte géométrie de parallélépipèdes rectangles, que seules les courbes du couvercle tempèrent.

Enfin, et c'est une surprise, Catherine a depuis peu adopté le montage au colombin : *« Une opération lente, très lente : tu poses le colombin, tu écrases, tu lisses et tu recommences, sans savoir où tu vas. Claire Debril m'a suggéré d'essayer ! J'ai toujours pensé que c'était une technique de débutant. À l'épreuve, j'ai le sentiment de m'introduire dans un nouveau monde sensoriel. »*

Et voici que naissent, dans un temps dilaté, des formes nouvelles : plateaux carrés ou rectangulaires, parfois traités en balancelles et vases de section ovale. De nouvelles et belles surprises sont à venir…

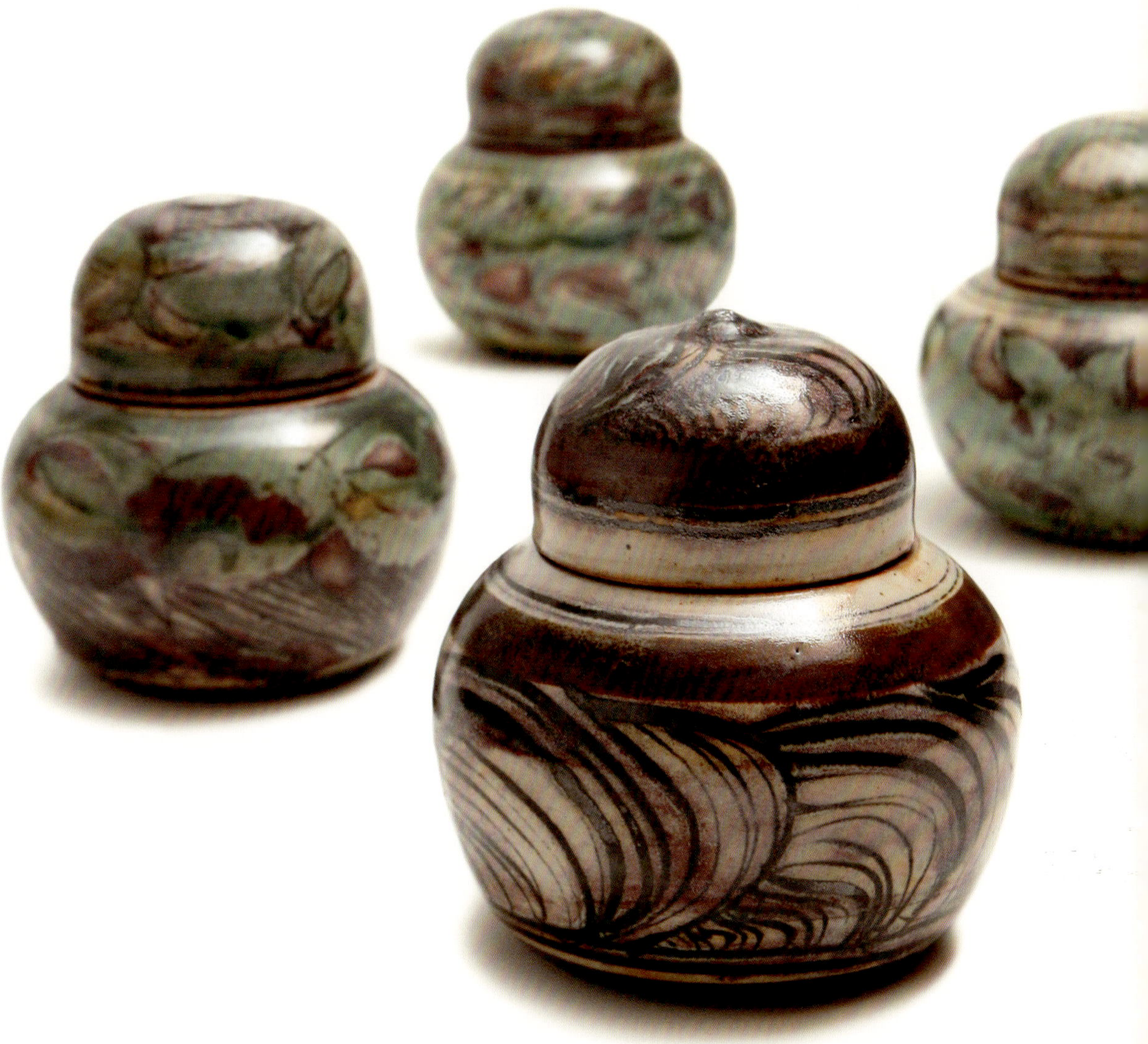

Boîtes rondes, 2008. H. 14 x 13 cm.

Le pinceau rêveur du monde

Une coupe réalisée en terre vernissée et décorée au barolet, chez Philippe Lambercy lorsque Catherine était encore élève à Genève, augurait, pour elle, d'une belle carrière : courbes et contre courbes sur deux zones couvertes d'engobe blanc en enserrant une troisième laissée terreuse jouent puissamment d'effets négatif et positif.

À l'époque de ses débuts, la terre vernissée se trouve quelque peu reléguée dans l'armoire au souvenir d'un art populaire dont certains commencent à déplorer l'inéluctable disparition. Plusieurs acteurs agissent à contre-courant. Philippe Sourdive, qui acquiert la poterie Anjaleras de Cliousclat, y maintient l'esprit des lieux et des pièces, se faisant le chantre de la tradition. Nombre de stagiaires, passés dans son atelier, pérennisent ses leçons avec saveur. Marc Pillet organise à Paris, en 1978, la première exposition exclusivement consacrée à la terre vernissée, sorte de manifeste qui s'appuie sur la présence de dix exposants, dont Catherine qui a gardé un souvenir chaleureux d'une simple visite à Cliousclat.

Pourtant quelque temps après son installation à Cotignac, en renonçant au barolet au profit de ses pinceaux, Catherine prend de la distance vis-à-vis de la tradition perpétuée par les ateliers artisanaux. Choix en faveur de la souplesse, de la spontanéité, de fantaisies en pleins et déliés. Car si le tournage lui procure un immense plaisir, décorer est sa passion. C'est pourquoi parmi les acteurs qui, dans les années 1980, contribuèrent à la renaissance de la terre vernissée, elle fait exception. L'usage exclusif du pinceau ne suffirait pas à la distinguer n'était l'aisance exceptionnelle qui est sienne, tout comme le monde vivace et foisonnant qu'elle livre à nos regards, ni descriptif ni abstrait, projection de rêves surgissant. François Mathey, conservateur en chef du musée des Arts décoratifs ne s'y trompe pas, qui, dans sa lettre de demande de prêt de pièces pour l'exposition *Les Métiers de l'art* (1980-81), lui écrit : *« Permettez-moi de vous redire le grand plaisir que j'ai eu à découvrir vos œuvres réalisées avec la même spontanéité, le même geste généreux que s'ils étaient l'œuvre d'un artiste persan du XVII*[e] *siècle, tout en étant cependant modernes. Ce fut une des révélations... »*

Ce début de renommée lui permet de consacrer une part plus importante de son activité à la création de pièces uniques qui requièrent l'engagement du corps, de l'esprit et de la sensibilité : ivre de liberté, son pinceau rêve et danse.

Aucune esquisse ne précède son travail. Observation et caresse de l'objet à décorer pour le bien reconnaître et, auprès d'elle, les pots contenant les oxydes (bleu, vert, ocre jaune et turquoise), deux par couleur, l'un concentré, l'autre délayé. Un premier trait

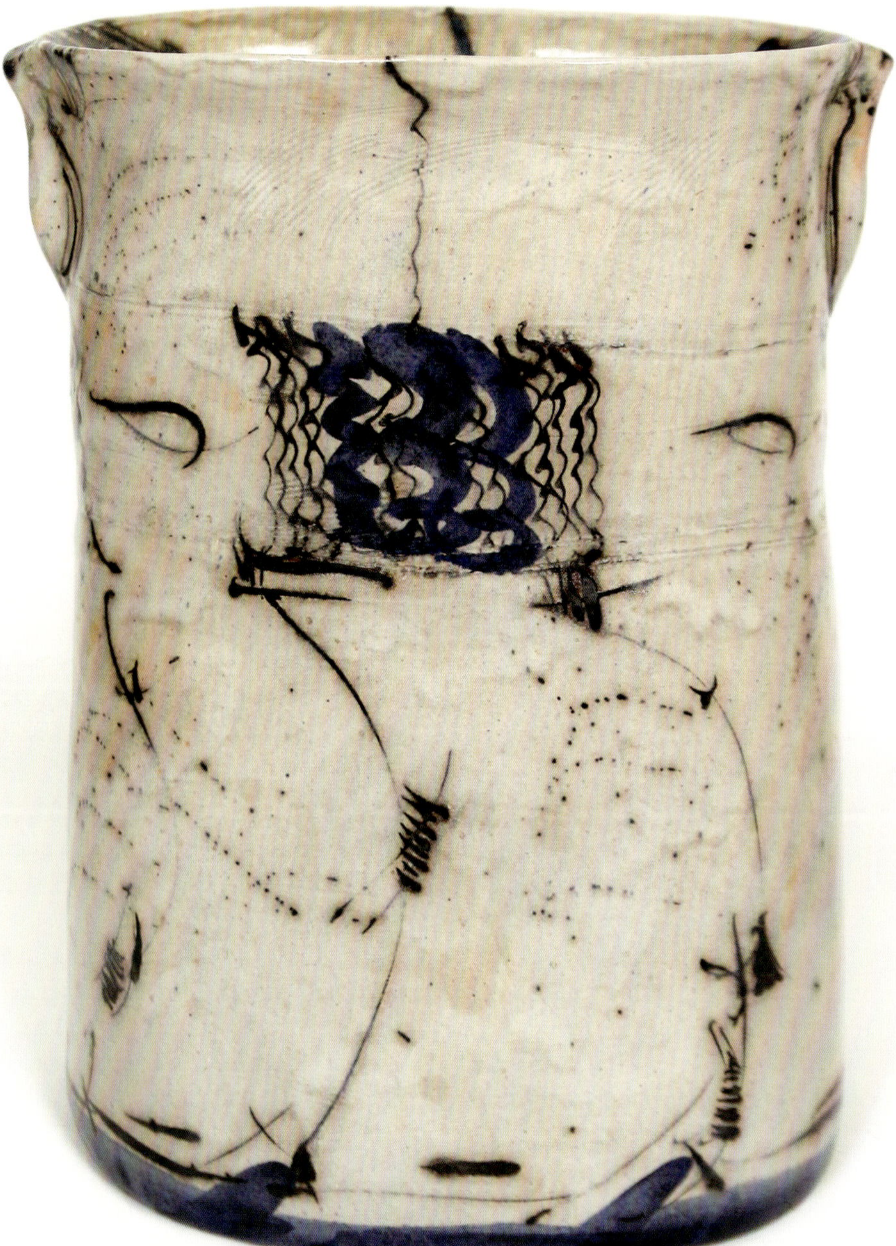

Vase, 2004. H. 31 x 23 cm.

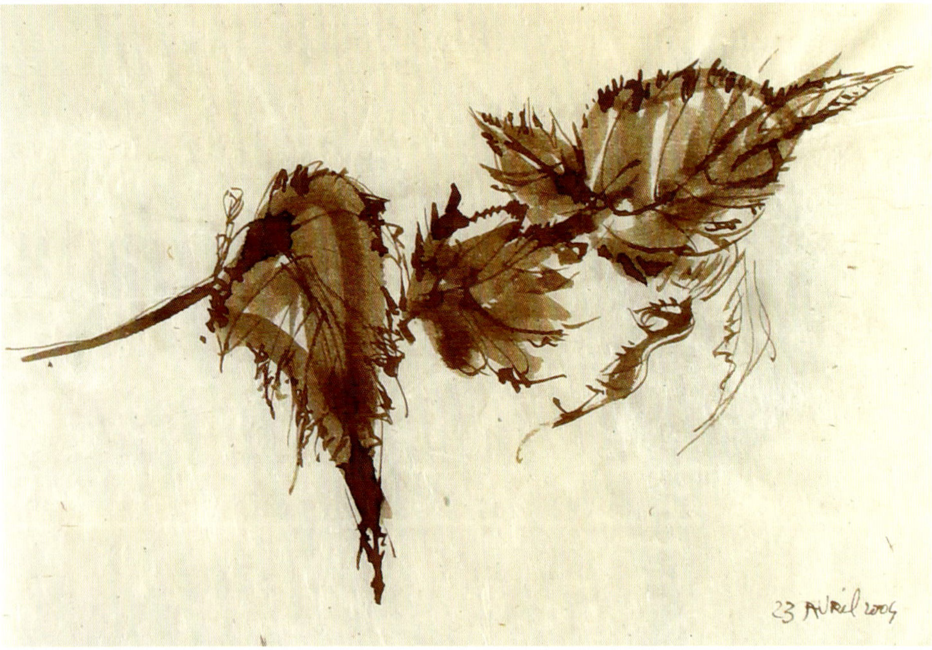

entame la composition, les autres suivent en une chorégraphie rythmée qui pose les axes principaux de la composition. L'œuvre s'achève avec des jetés de ponctuations, petits ornements qui mettent la surface en vibration.

Contraignante pour tout autre que Catherine, la composition en cercle que lui imposent ses coupes, stimule son imagination. Est-ce la perspective de l'exposition que lui propose le conservateur du musée de Mâcon qui l'incite à rompre avec les formules familières à tous les potiers du monde confrontés au cercle ? À cette occasion elle a osé le décor continu de bord à bord, l'asymétrie de bandes obliques dont le point de jonction escamote le centre de la pièce, qu'elle contourne aussi en décalant son motif principal.

En camaïeu de cobalt, sa couleur préférée, docile aux dilutions et lavis aquarellés, souvent associé au vert de cuivre, elle construit un espace, y installe la profondeur, crée des tensions qui se souviennent de la giration du tour et de la franchise de son geste de peintre.

Cette mise à distance progressive devient radicale lorsqu'elle s'installe à Bissy-sur-Fley, où sa solitude toute neuve crée les conditions de remettre en question son travail. Les nouveaux paramètres qu'elle a peu à peu mis au point offrent à ses pinceaux une

« Corète du Japon », 2004. Lavis.

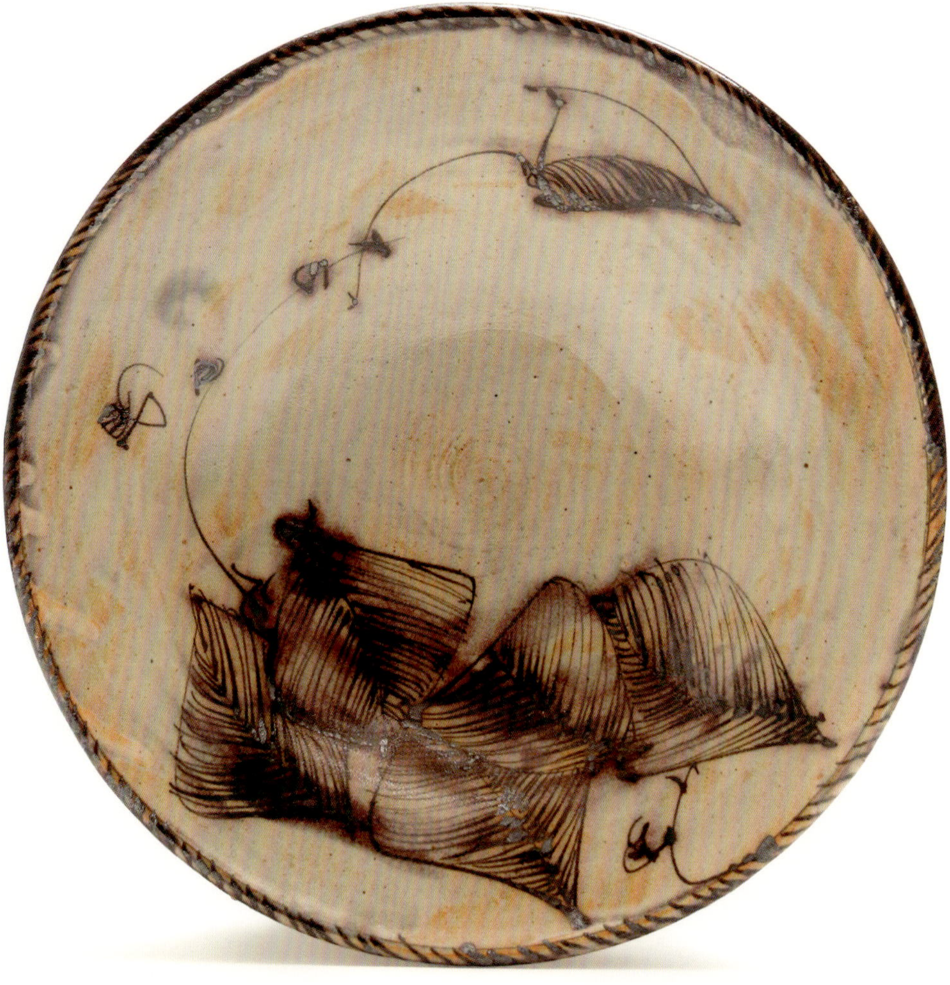

Coupe, 2008. H. 8 x 26 cm.

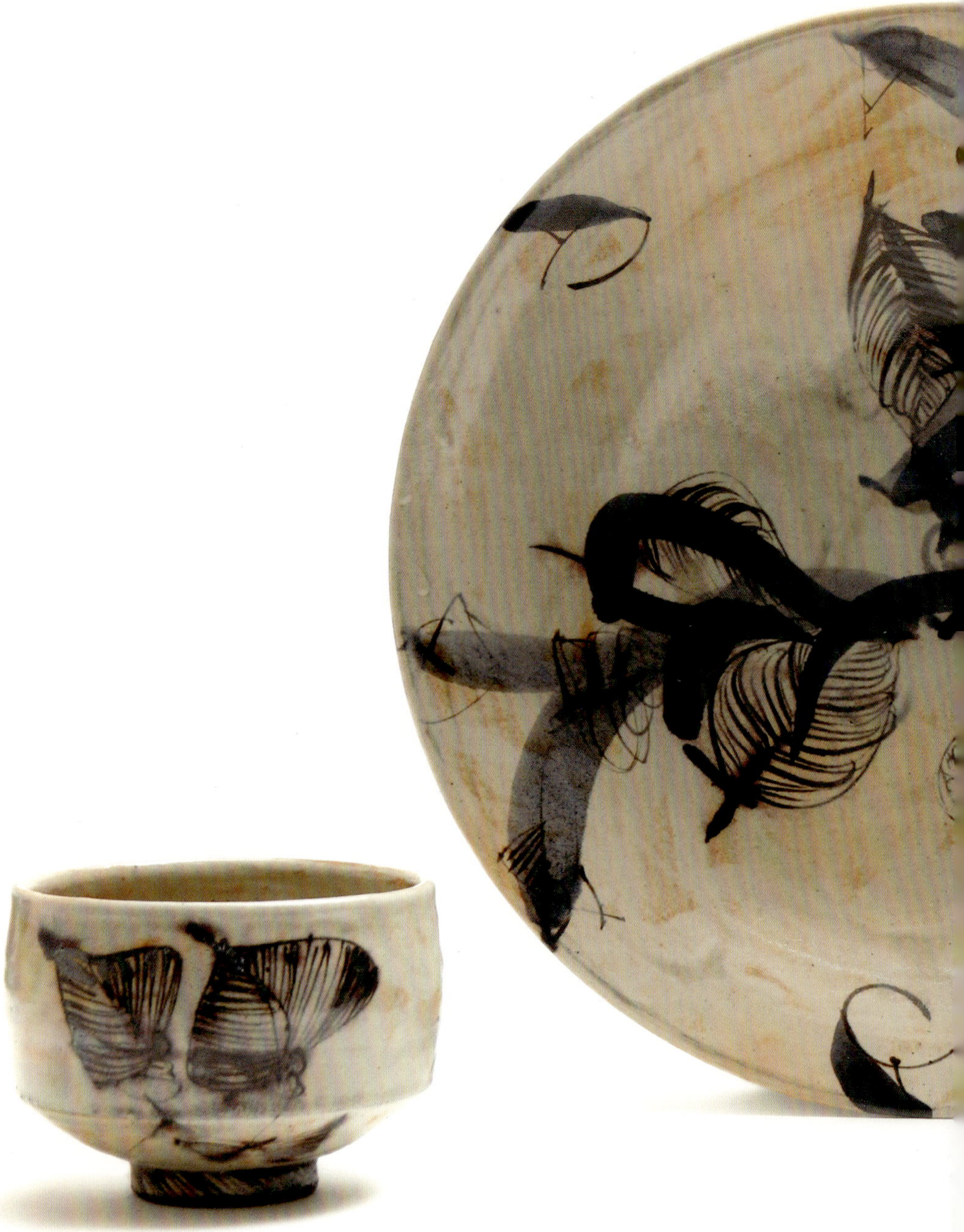

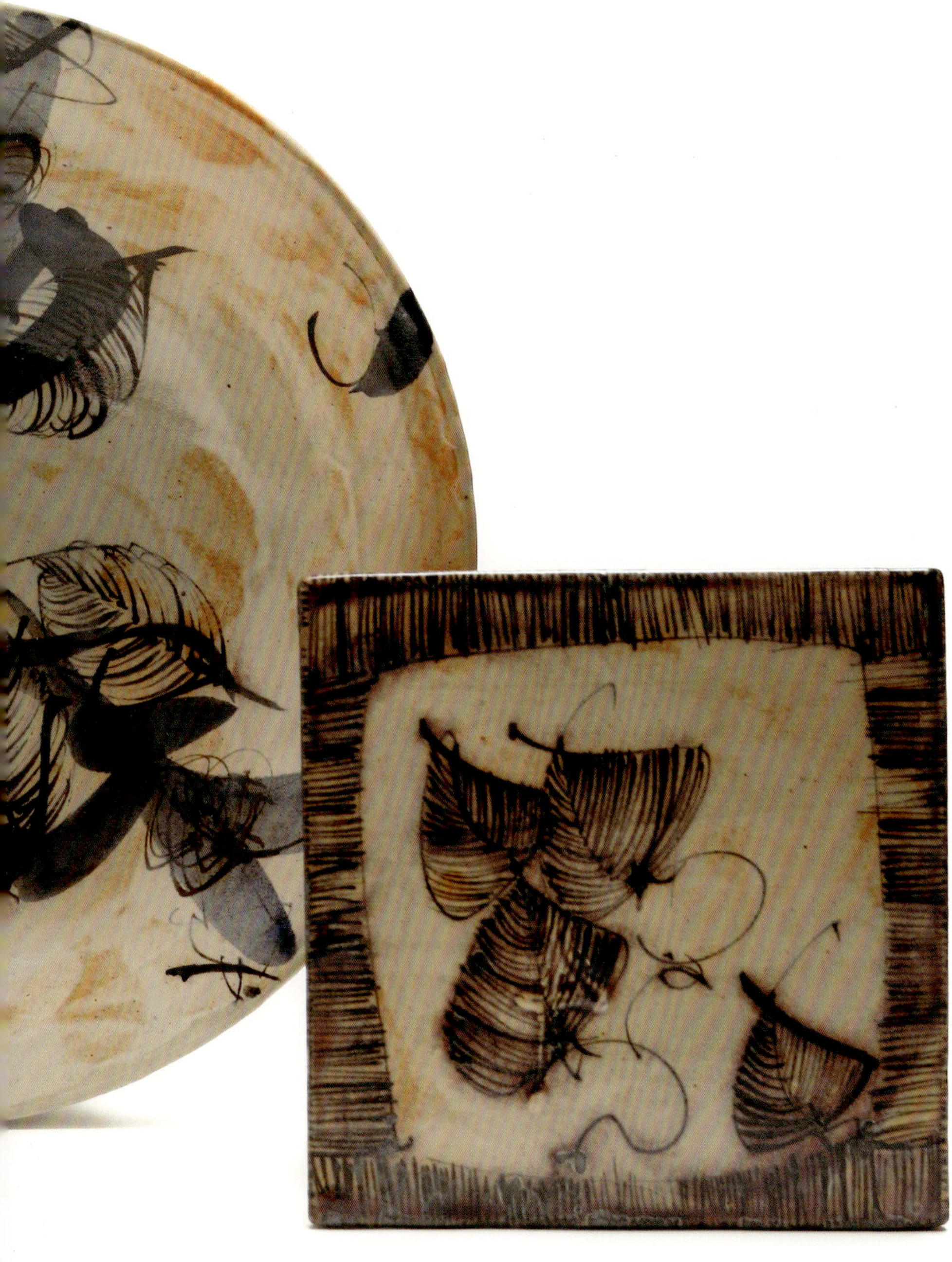

Motif à la feuille, 2008. Bol. H. 12 x 9,5 cm - Coupe. H. 7 x 35,5 cm - Plaque. 18 x 18 cm.

nouvelle matière, ivoire, légèrement satinée. Le rose de l'argile affleure parfois franchement sous l'engobe, seul savoir-faire de terre vernissée dont elle a gardé l'usage.

Pour ce fond clair qui lui procure un grand contentement, Catherine a modifié sa palette colorée, perdant toute référence à la tradition populaire. Un violet aubergine, mélange de toutes ses couleurs, qui fuse magnifiquement dans la glaçure, joue maintenant un rôle prépondérant. Facteur de contrastes, il positionne les surfaces denses par des lignes répétées, sinueuses ou parallèles ; léger, il inscrit dans l'espace des courbes et virevoltes de patineur. Le bleu et le vert dispensent leur discret contrepoint à cette couleur proche de l'encre sépia. Enfin, au gré de l'alchimie de cuissons en réduction, l'oxyde de cuivre mue l'heureuse surprise d'un rouge carmin chaleureux.

Sur le papier, Catherine dessine sur nature, tiges et fleurs, dont elle saisit les pétales ébouriffés, la nervure des feuilles et jusqu'à la force du vent dans l'instant de son geste. En revanche si, ça et là sur ses céramiques, l'œil imagine une masse de feuilles, de petites ou longues herbes que la brise couche, une onde ruisselante ou la souplesse alanguie de graminées, aucun motif ne se veut descriptif. En l'occurrence le monde qu'elle nous livre est fait de signes de force et de grâce que ses yeux émerveillés ont cueillis dans la nature : germination, croissance, épanouissement.

Depuis peu, revient régulièrement un motif de feuille finement nervurée, qu'elle déploie en cœur ou enroule sur elle-même en cocon ou écheveau.

Sur les grandes boîtes les faces opposées se répondent sans se redire et le traitement des angles dote chaque plan de son propre cadre, ou ménage de délicates liaisons filaires aux longues et justes courbes. De petits motifs posés au pinceau fin, suspendus dans l'espace, relèvent d'une graphie toute personnelle dans laquelle l'œil parfois se plaît à identifier les longues antennes d'un probable insecte.

Les plus proches compagnons de Catherine, en céramique, sont en Égypte où Évelyne Porret, elle aussi ancienne élève de Philippe Lambercy, et Michel Pastore œuvrent depuis trente ans. Au cœur de la civilisation islamique, avec la même vaillance qu'elle, ils ont apprivoisé les matières que la géologie de ce pays leur prodiguait. Les matières que la géologie de leur pays d'adoption leur prodiguait. Ils produisent une céramique qui puise ses sources dans le jardin qu'ils se sont créés mais aussi dans le regard affectueux qu'ils portent sur les arts décoratifs du monde arabe.

Les pas de Catherine ne l'ont jamais menée hors de l'Europe. Pourtant elle s'imagine volontiers être une femme ouzbek, voire nomade. De contrées lointaines rêvées et chaque jour arpentées, ses pinceaux ramènent l'équilibre, l'élégance, la noblesse.

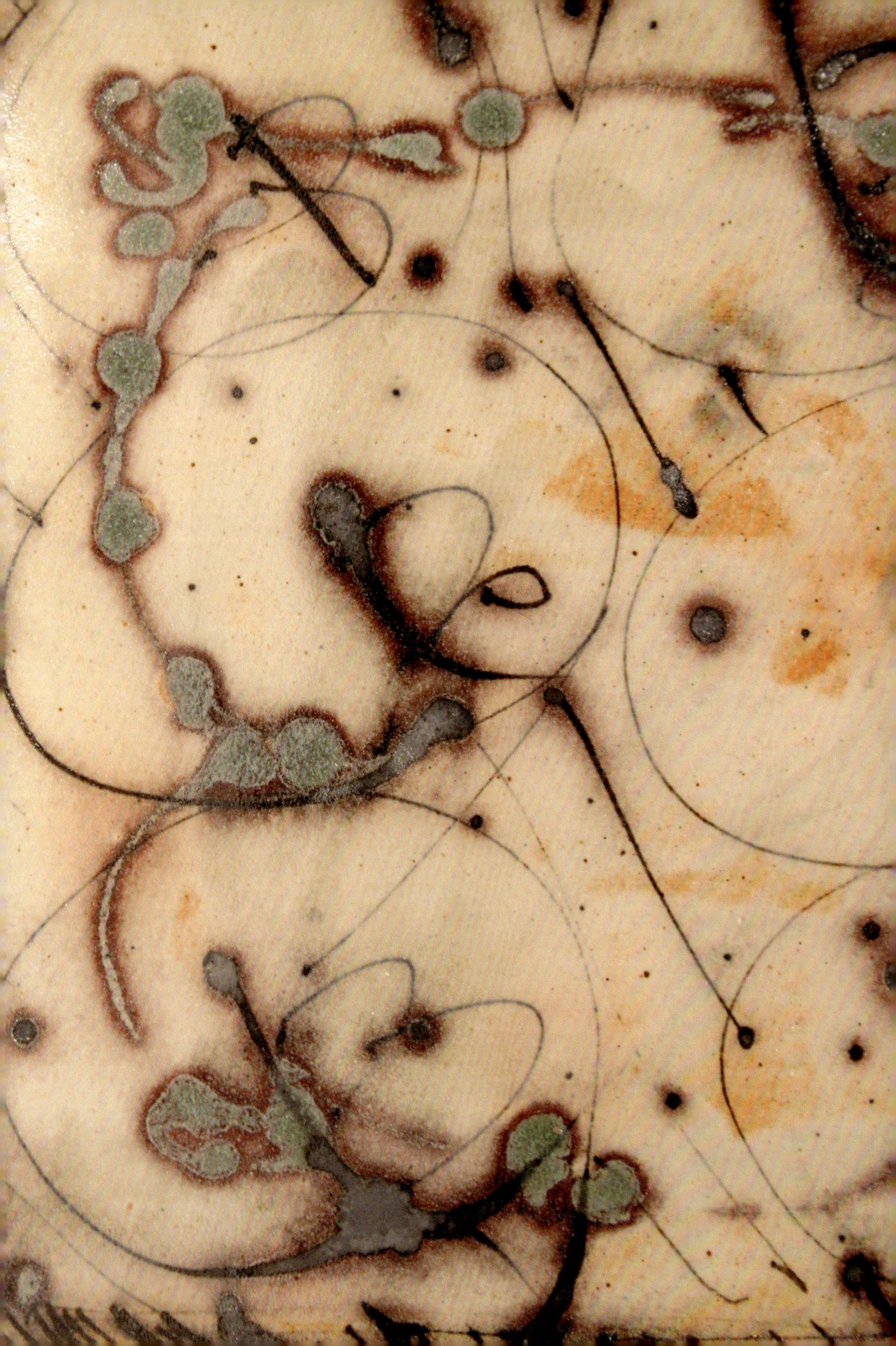

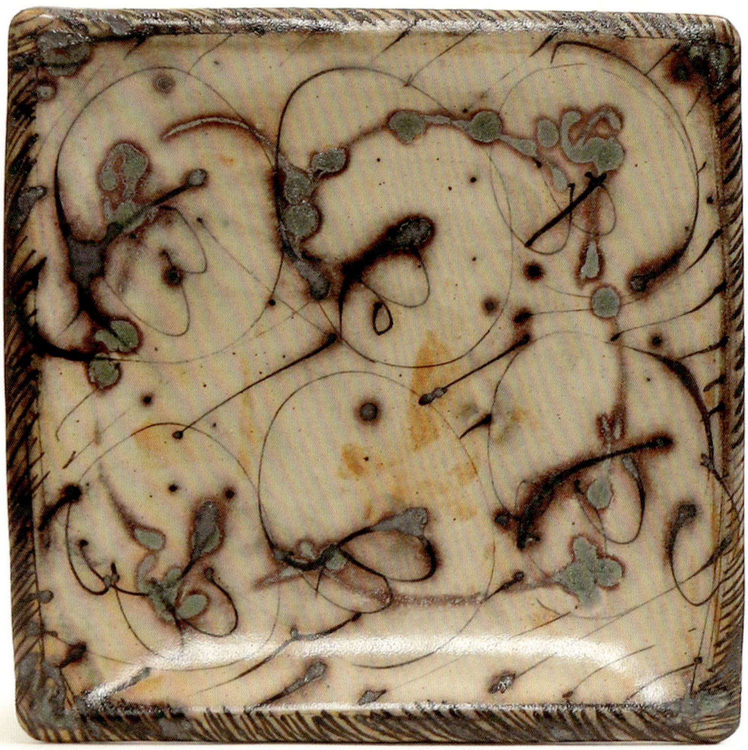

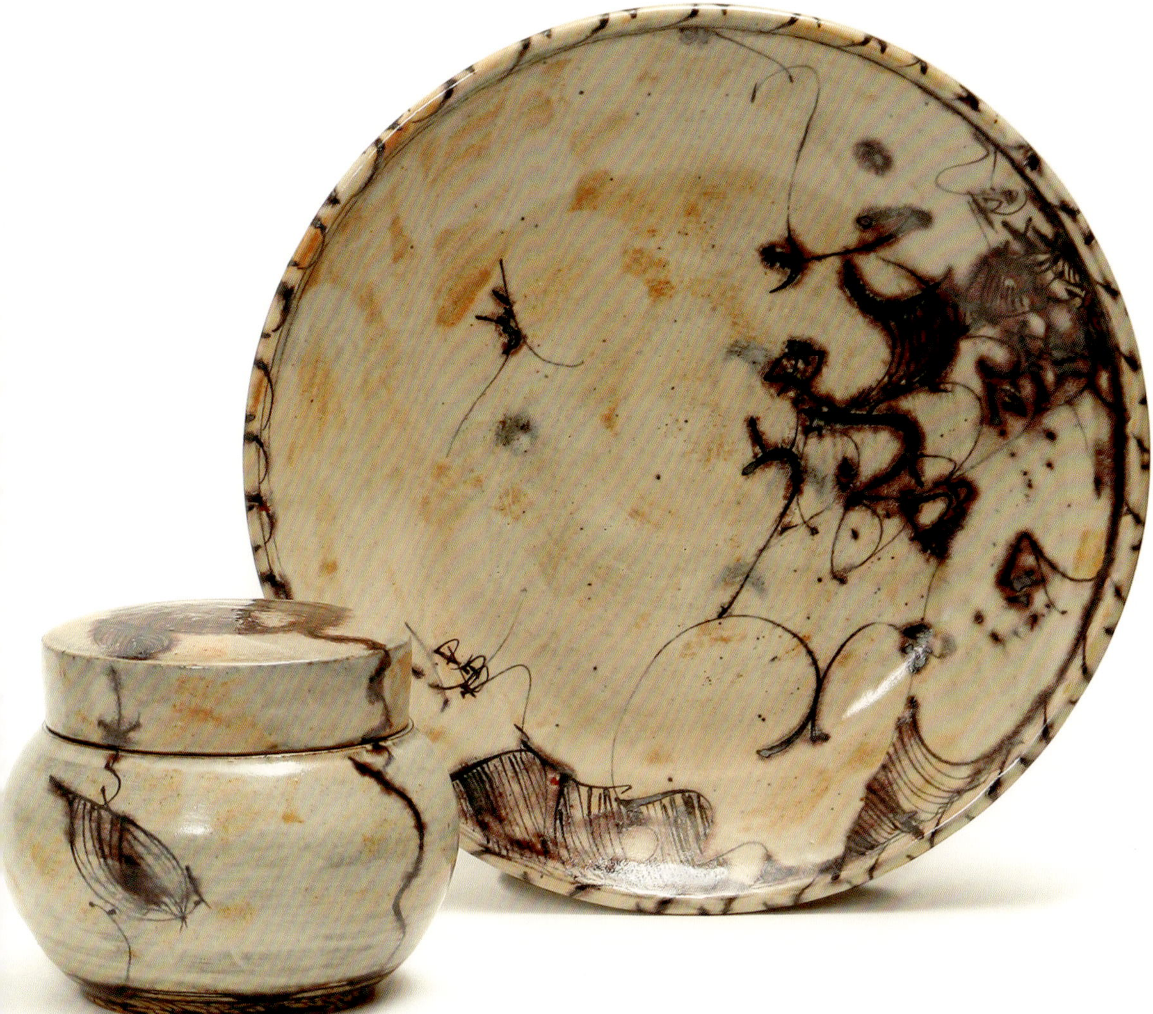

Plat carré, 2008. L. 25 x 25 cm - **Boîte ronde,** 2008. H. 14 x 17 cm - **Coupe,** 2008. D. 31 x 7 cm.

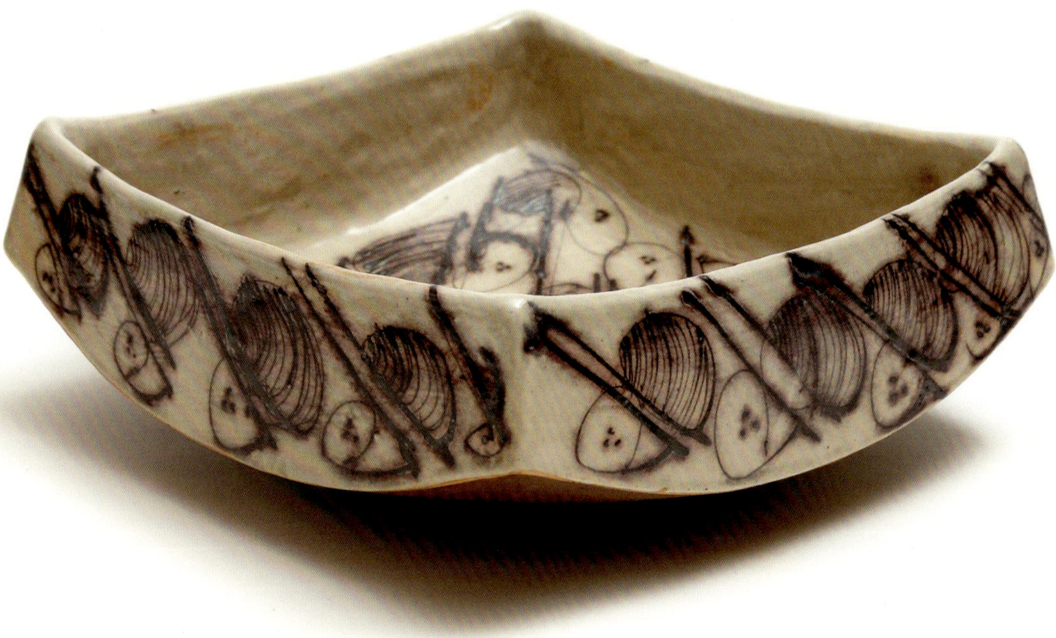

Coupe carénée, 2008. H.10 x 26 x 25,5 cm.

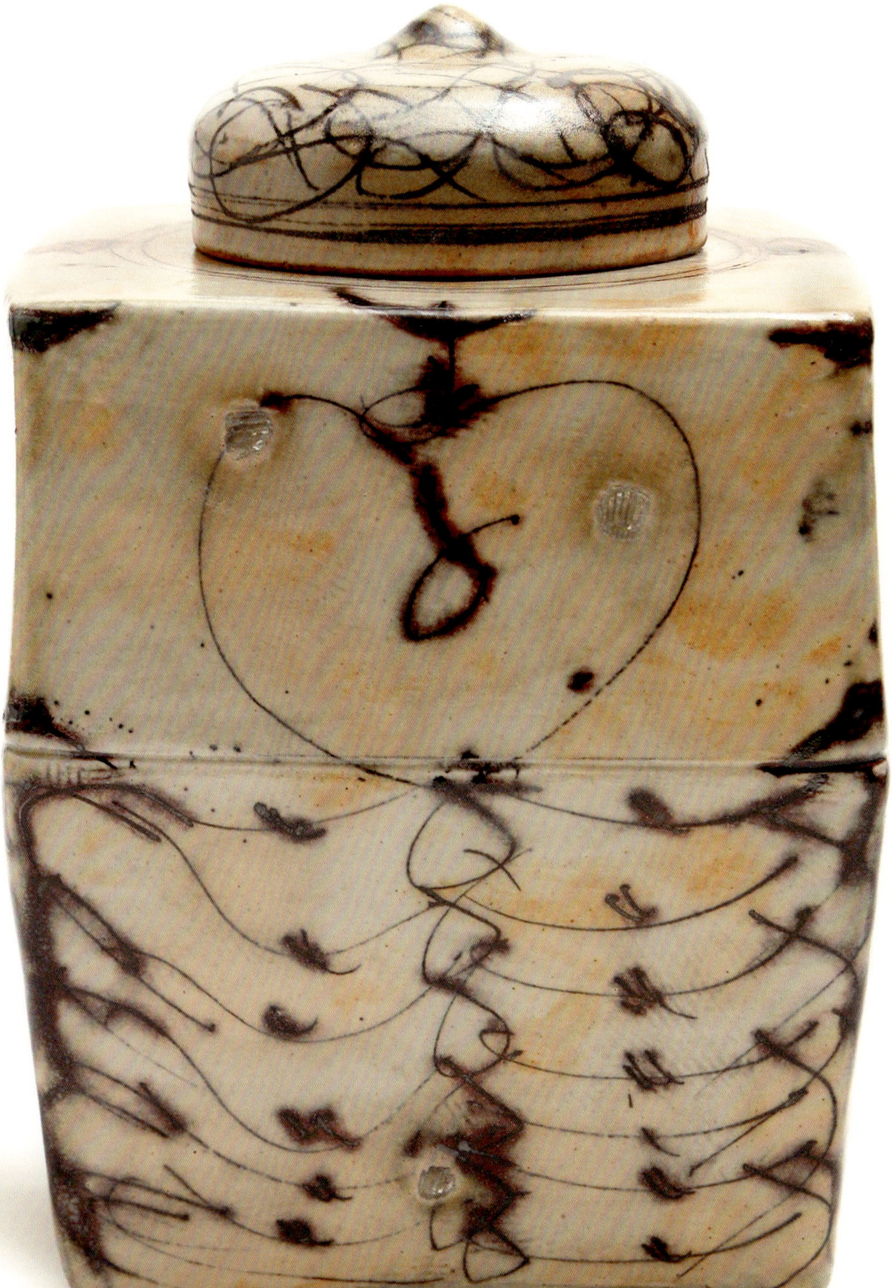

Boîte, 2008. H. 26 x 18 cm.

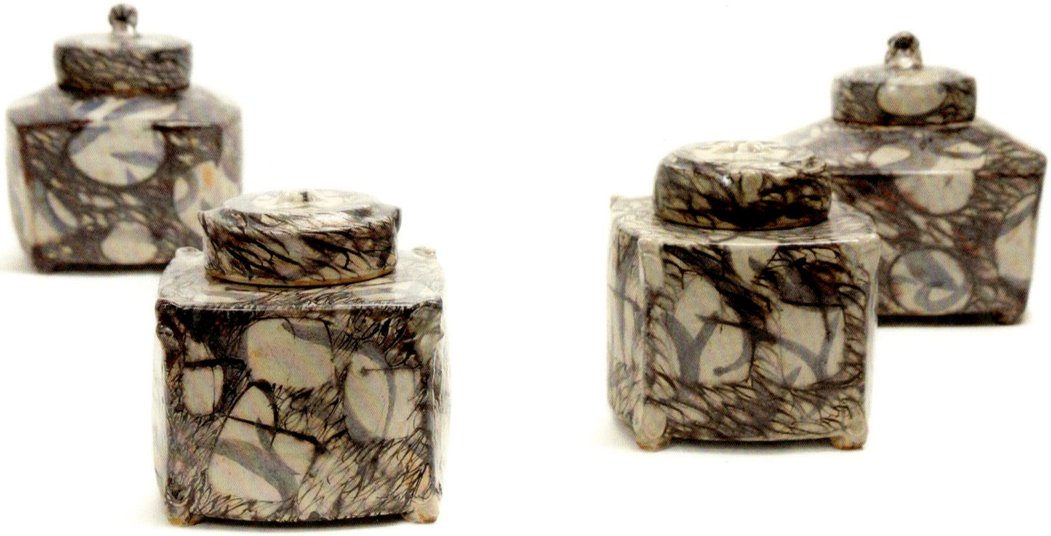

Boîtes carrées, 2008. H. 16 x 16 cm - H. 22 x 19 cm.

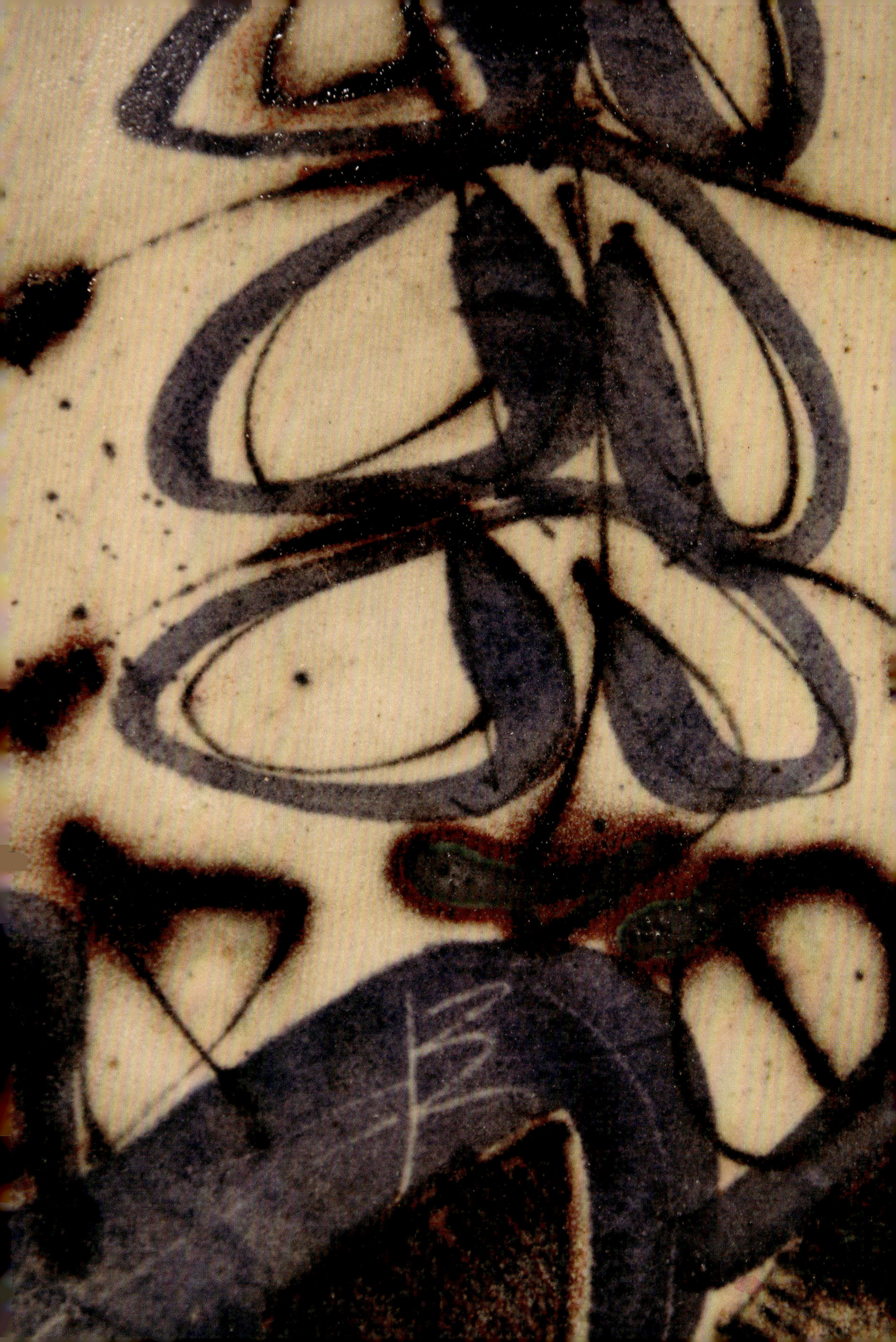

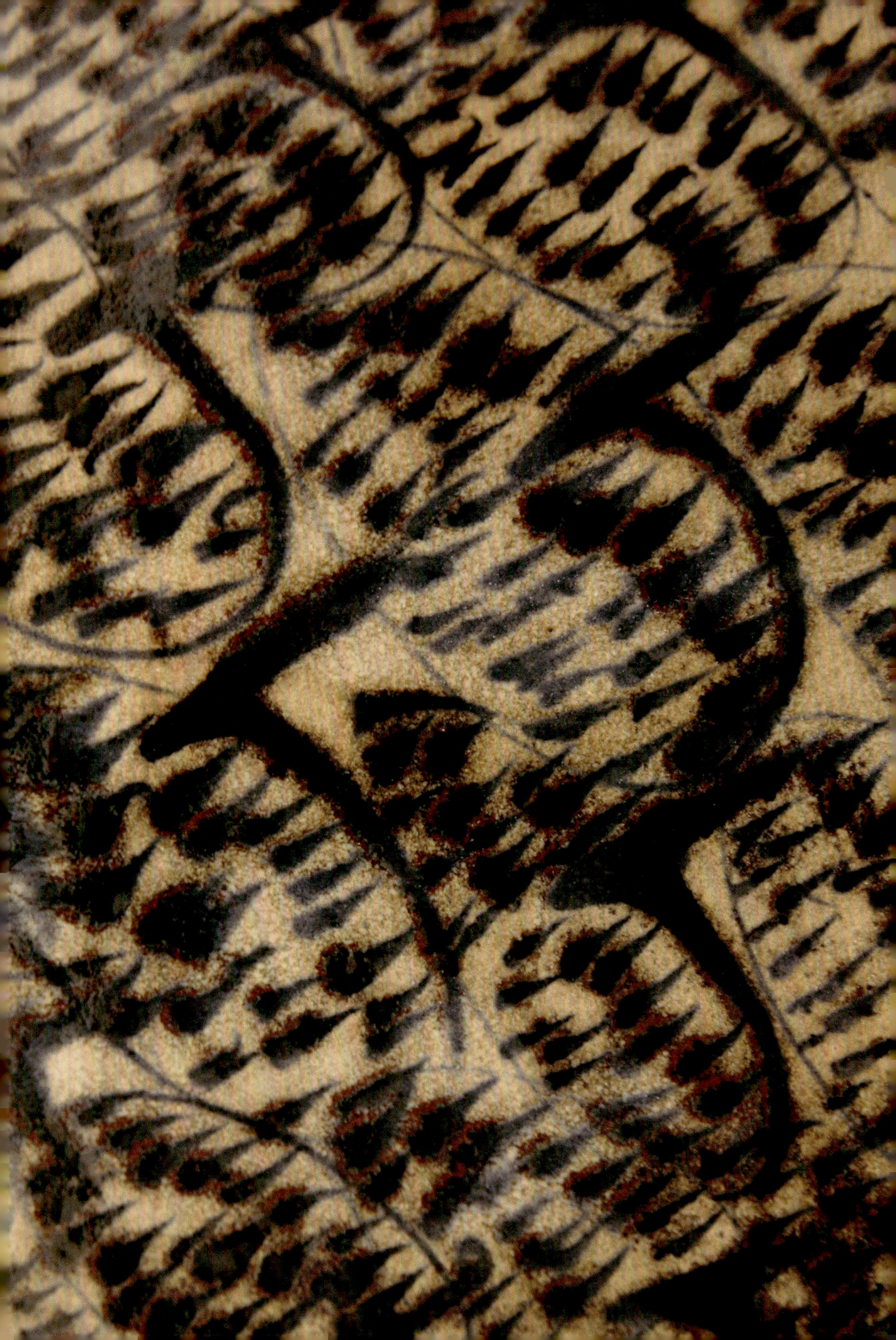

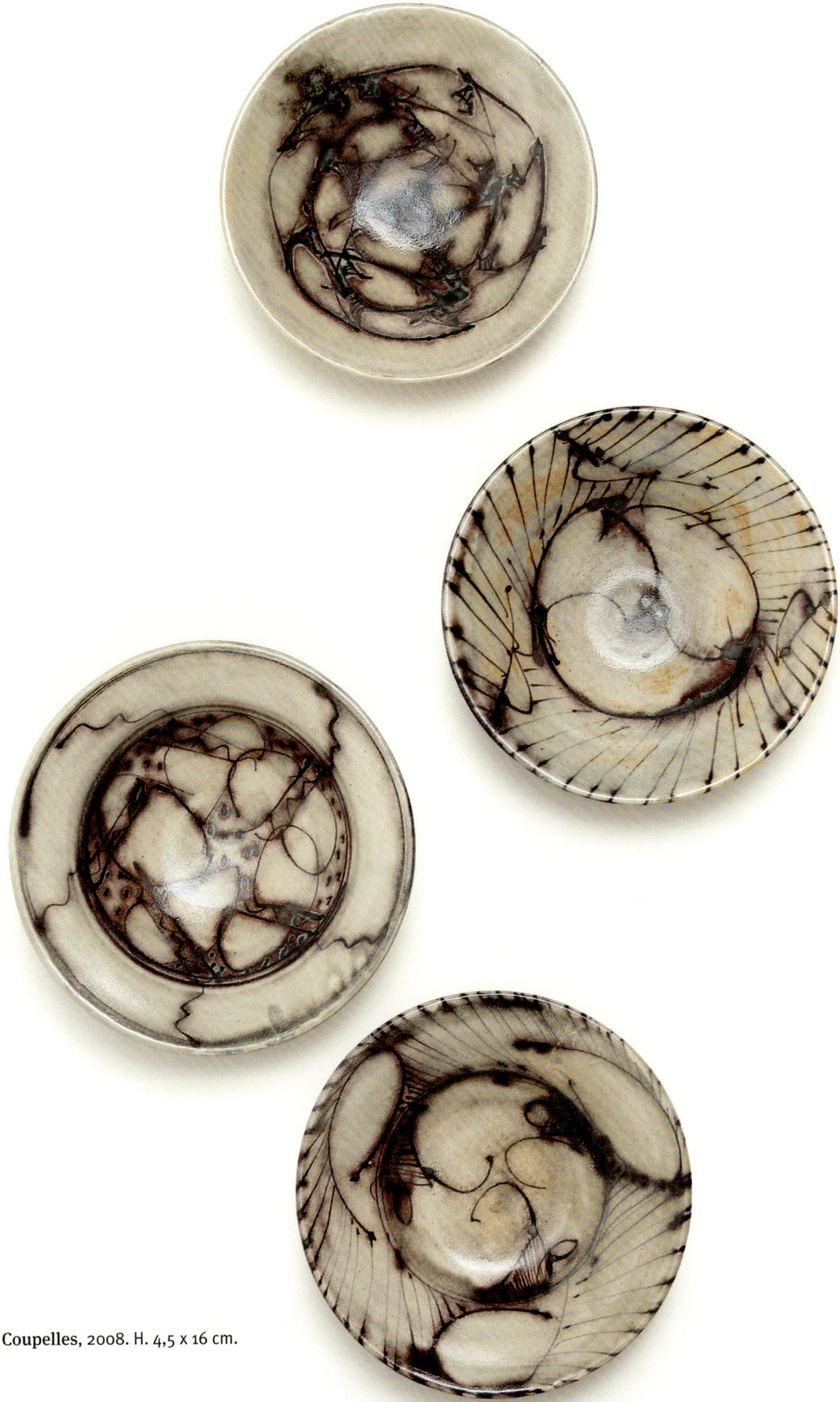

Coupelles, 2008. H. 4,5 x 16 cm.

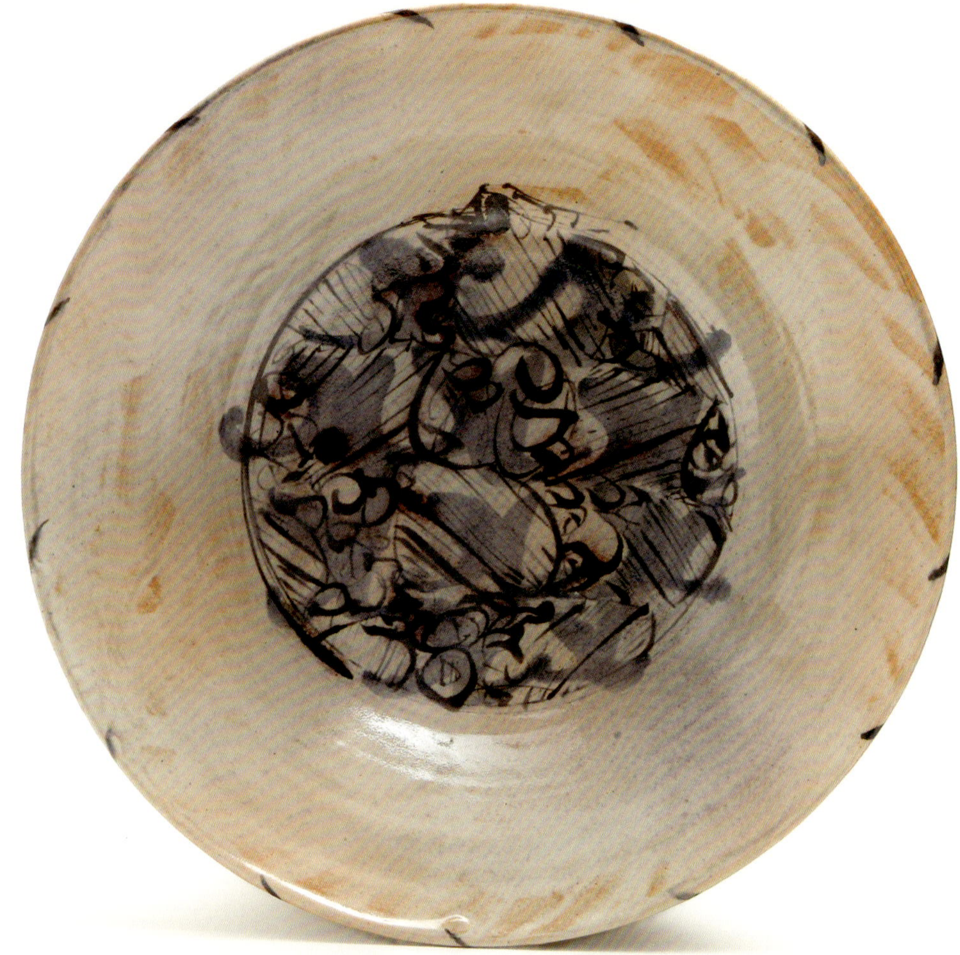

Grande Coupe, 2008. H. 8,5 x 34 cm (avers).

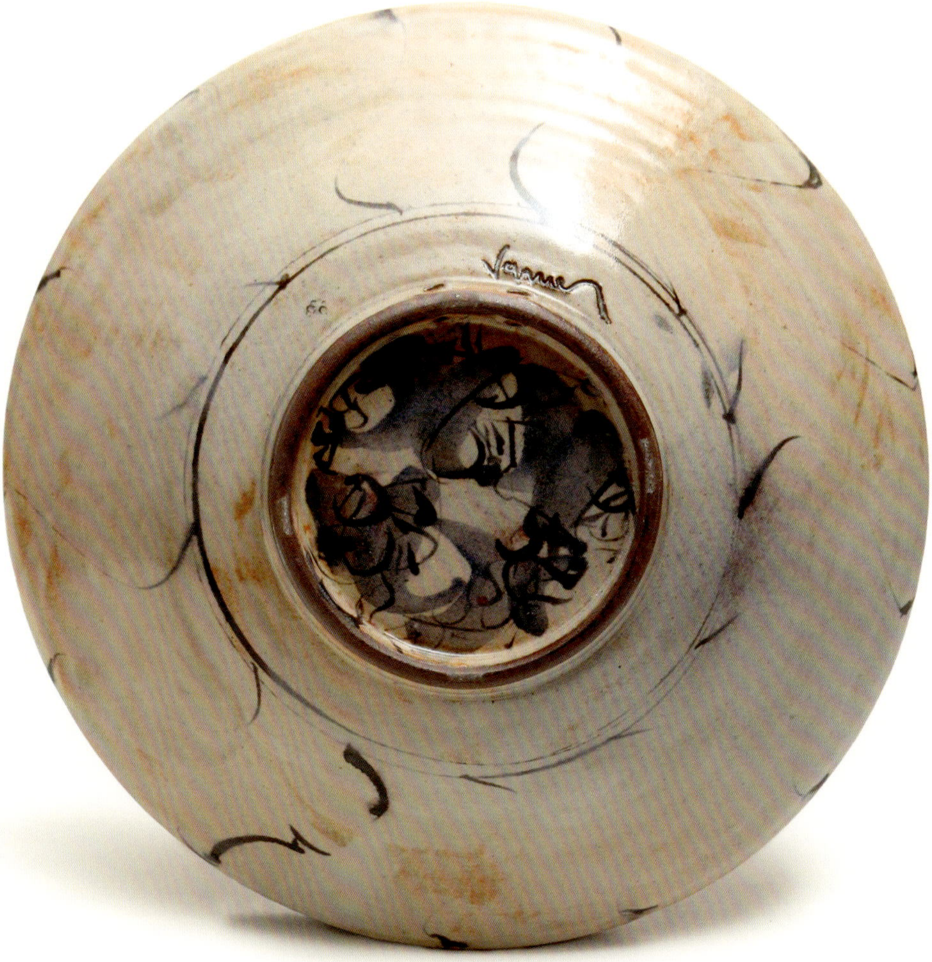

Grande Coupe, 2008. H. 8,5 x 34 cm (revers).

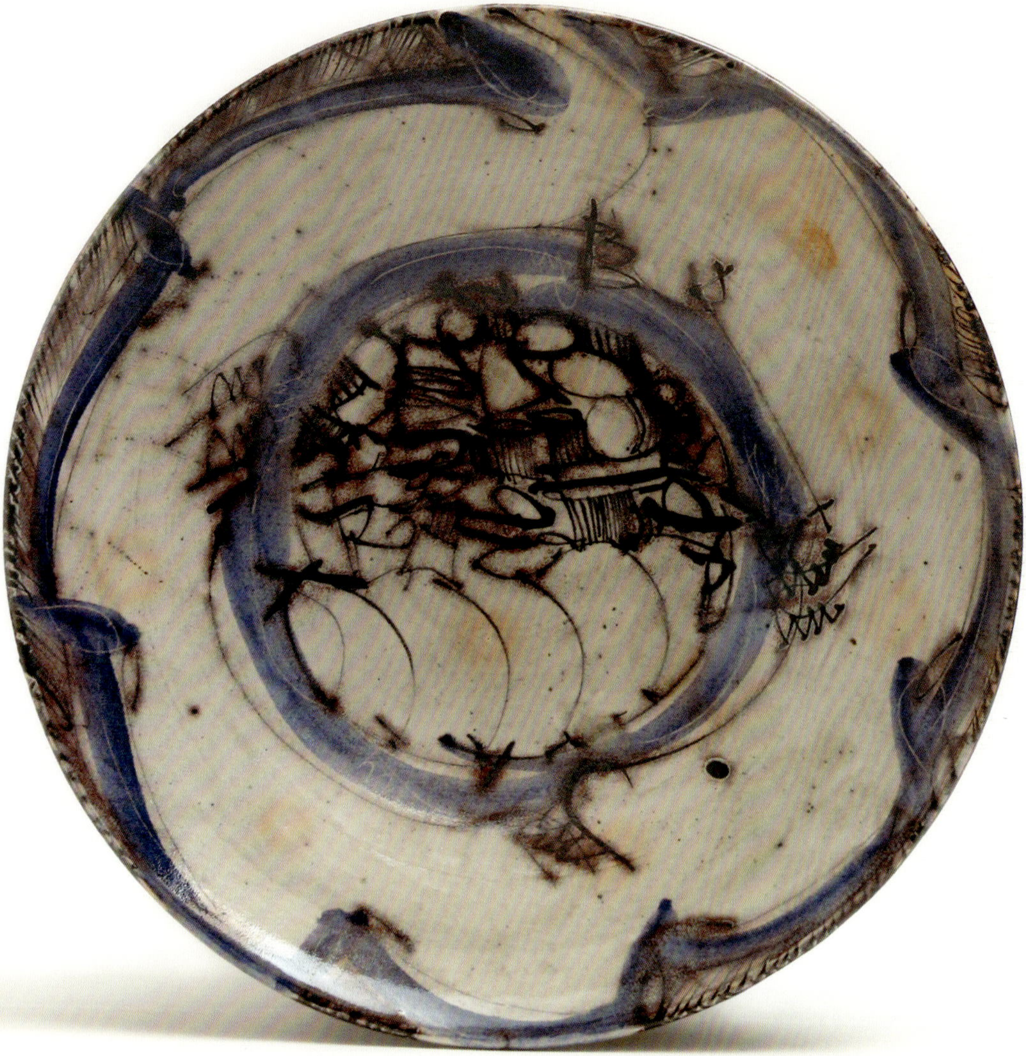

Coupe, 2007. H. 7 x 33 cm (avers).

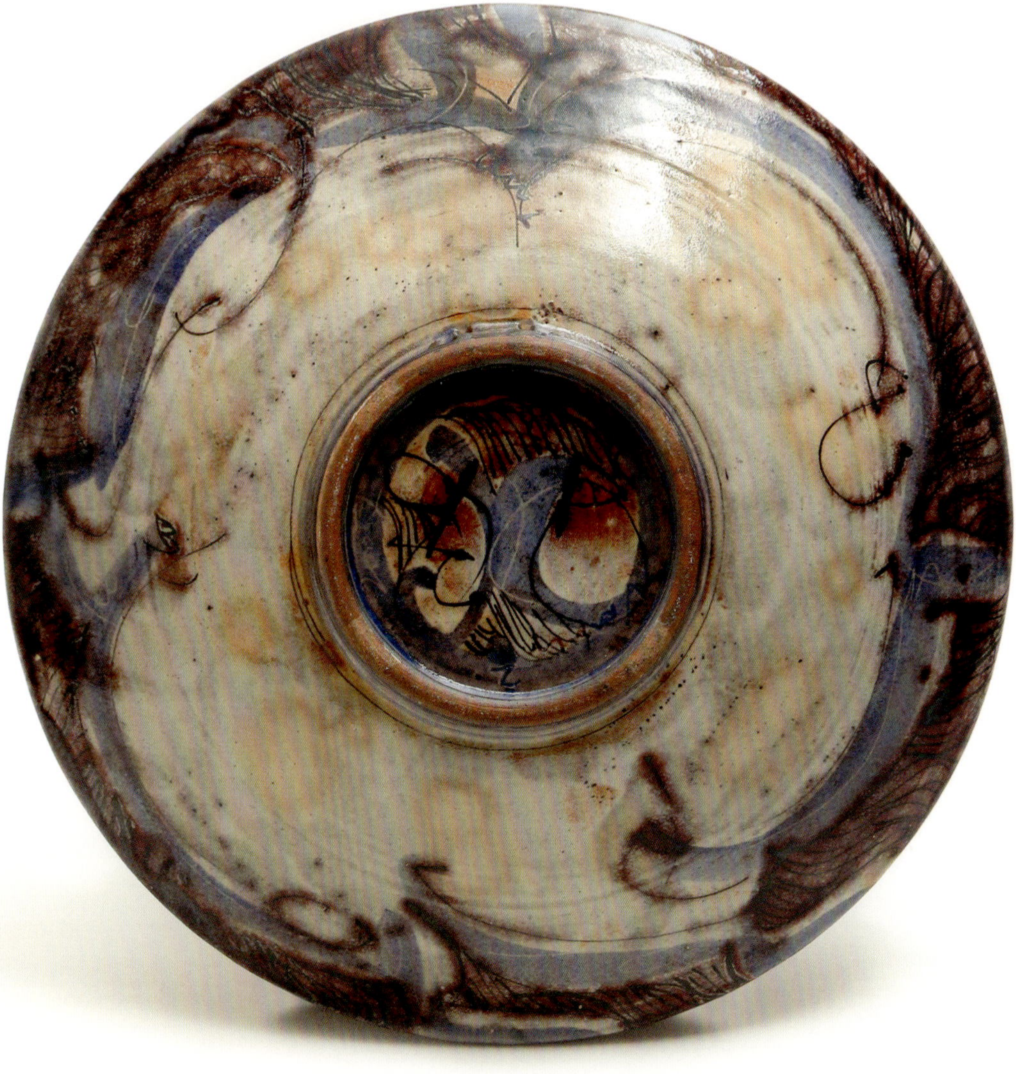

Coupe, 2007. H. 7 x 33 cm (revers).

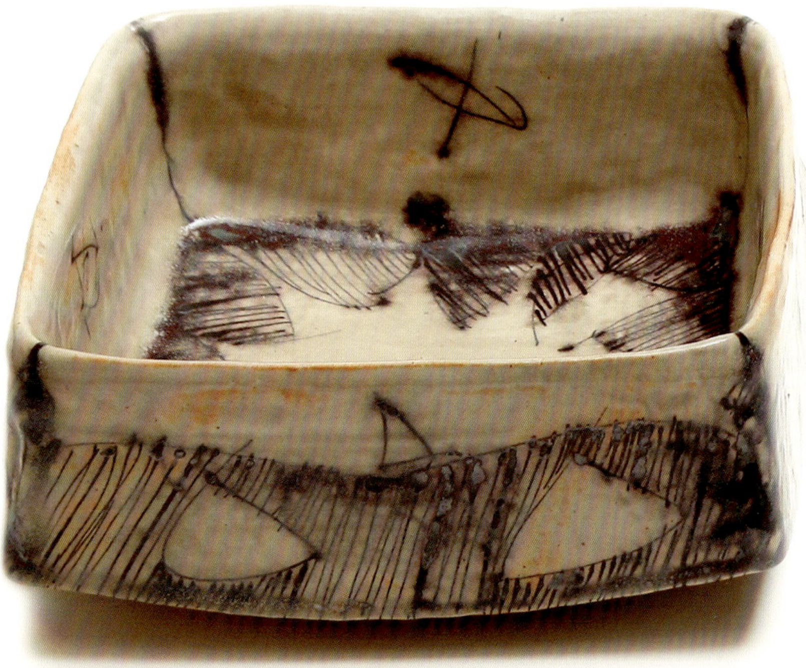

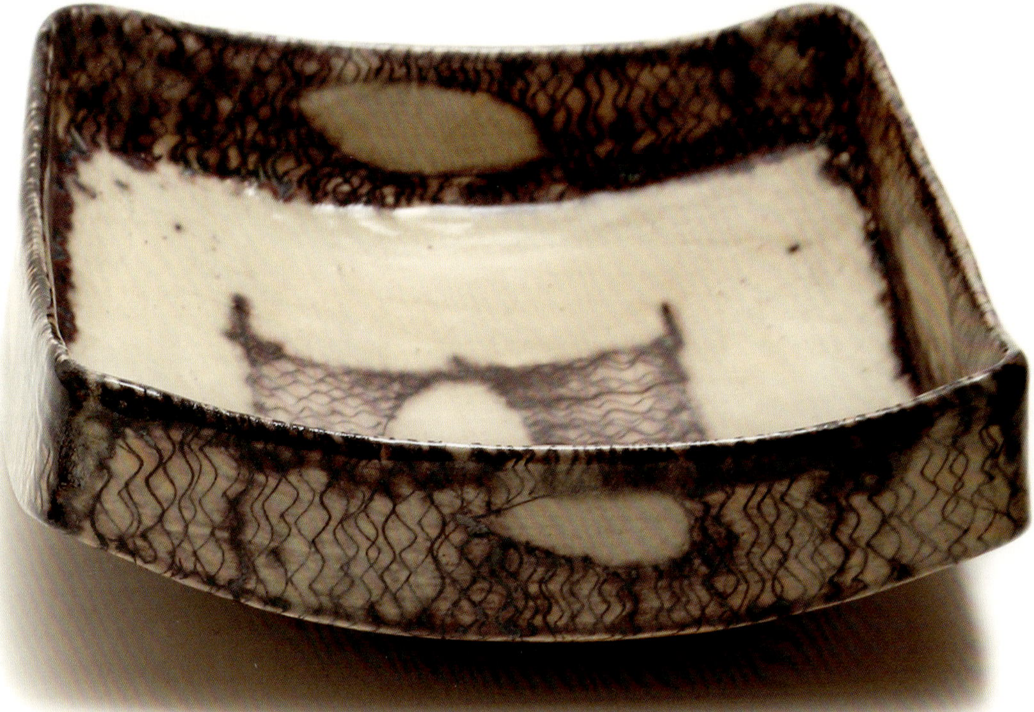

Coupes carénées, 2007. H. 8 x 18 cm - H. 8 x 26 cm.

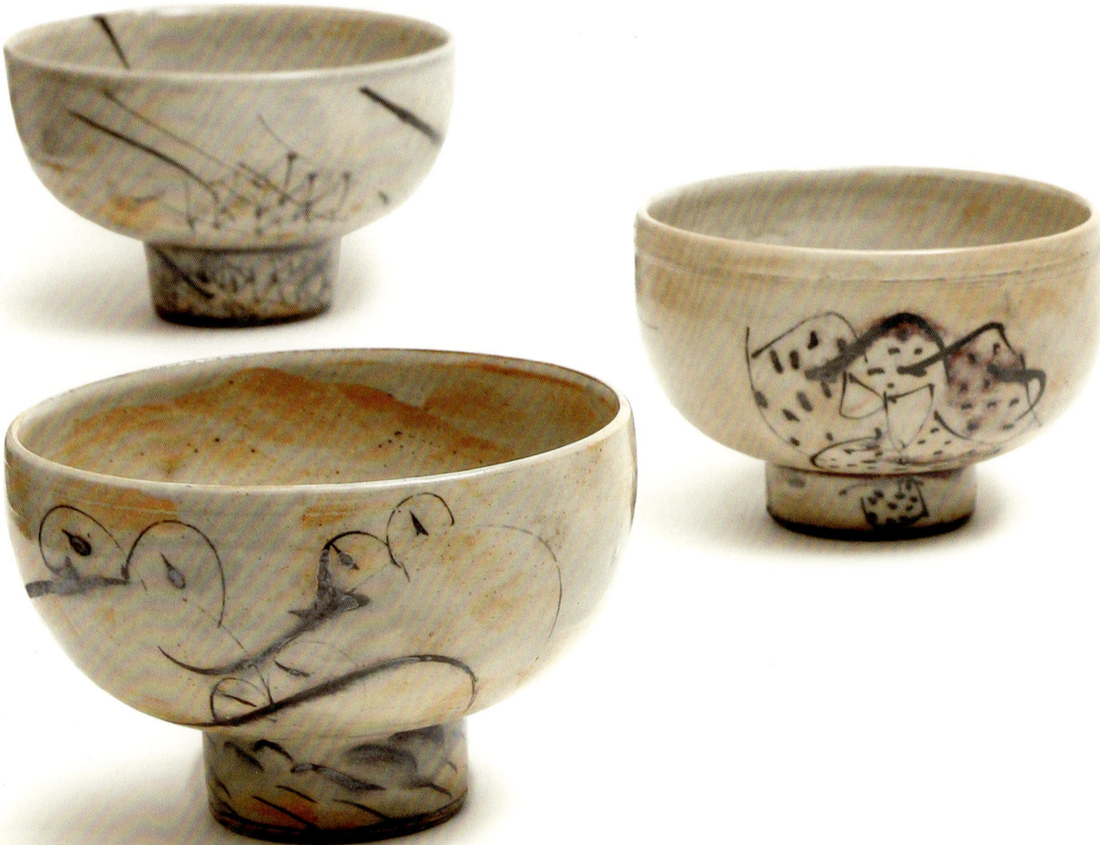

Grands Bols, 2008. H. 12,5 x 19 cm.

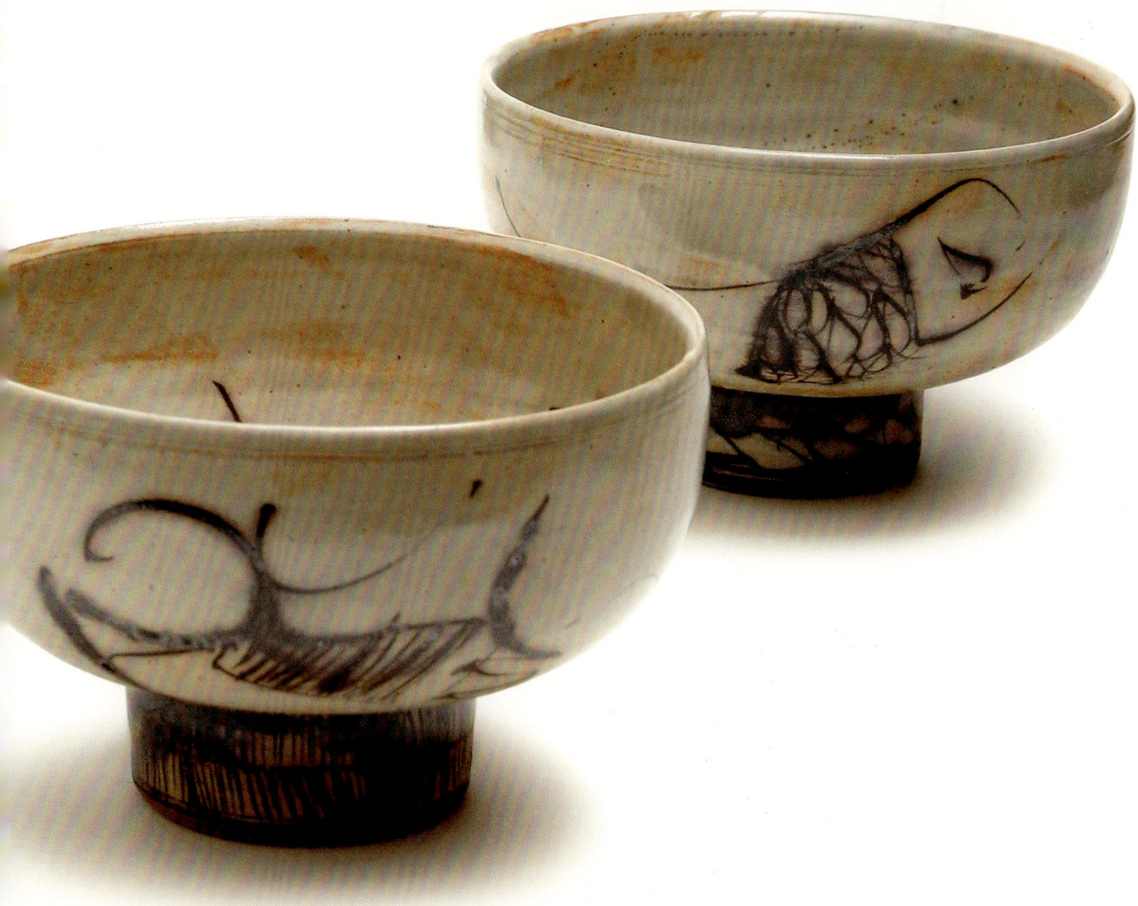

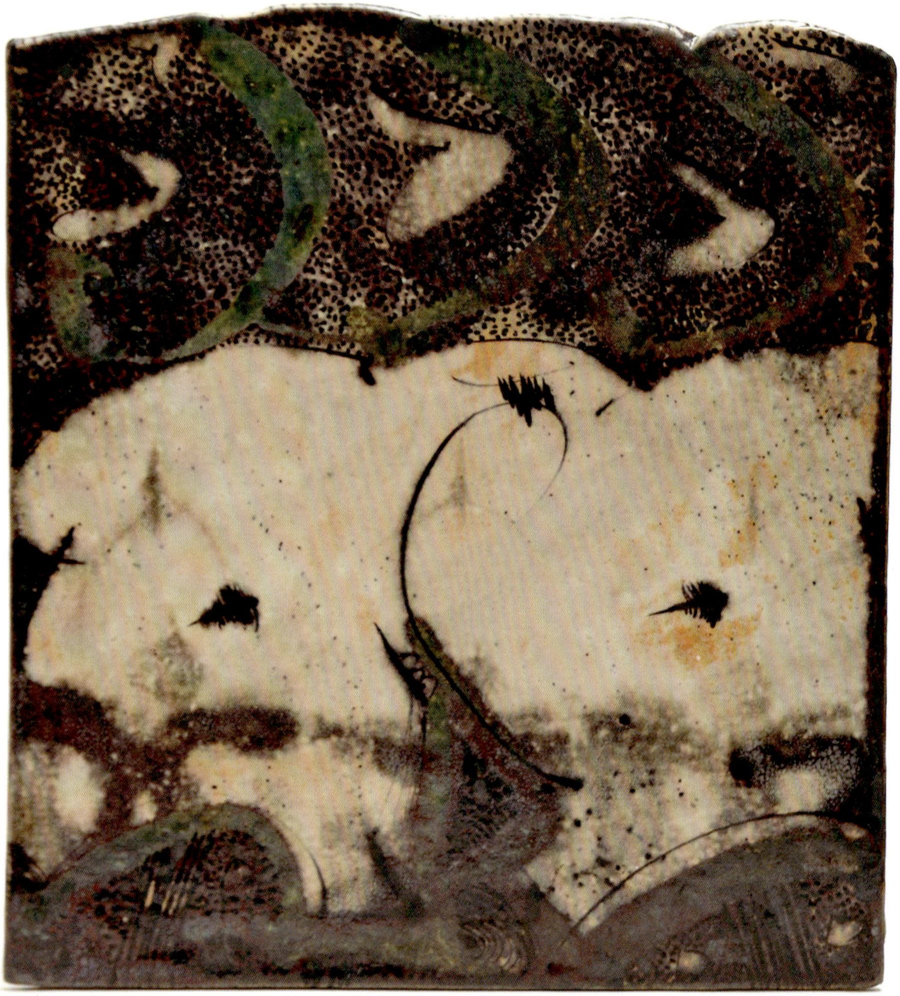

Plaque, 2005. H. 32 x 36 cm.

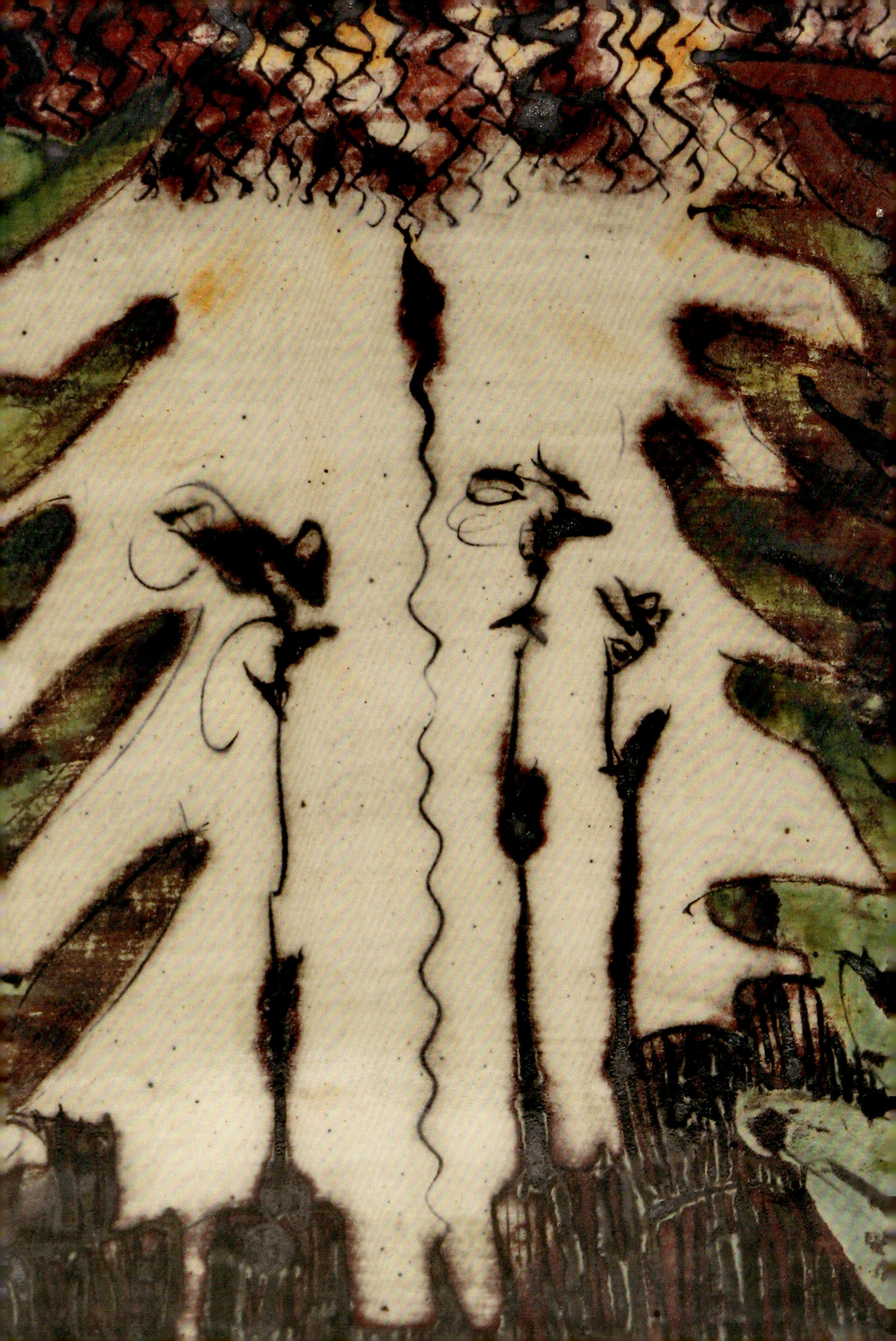

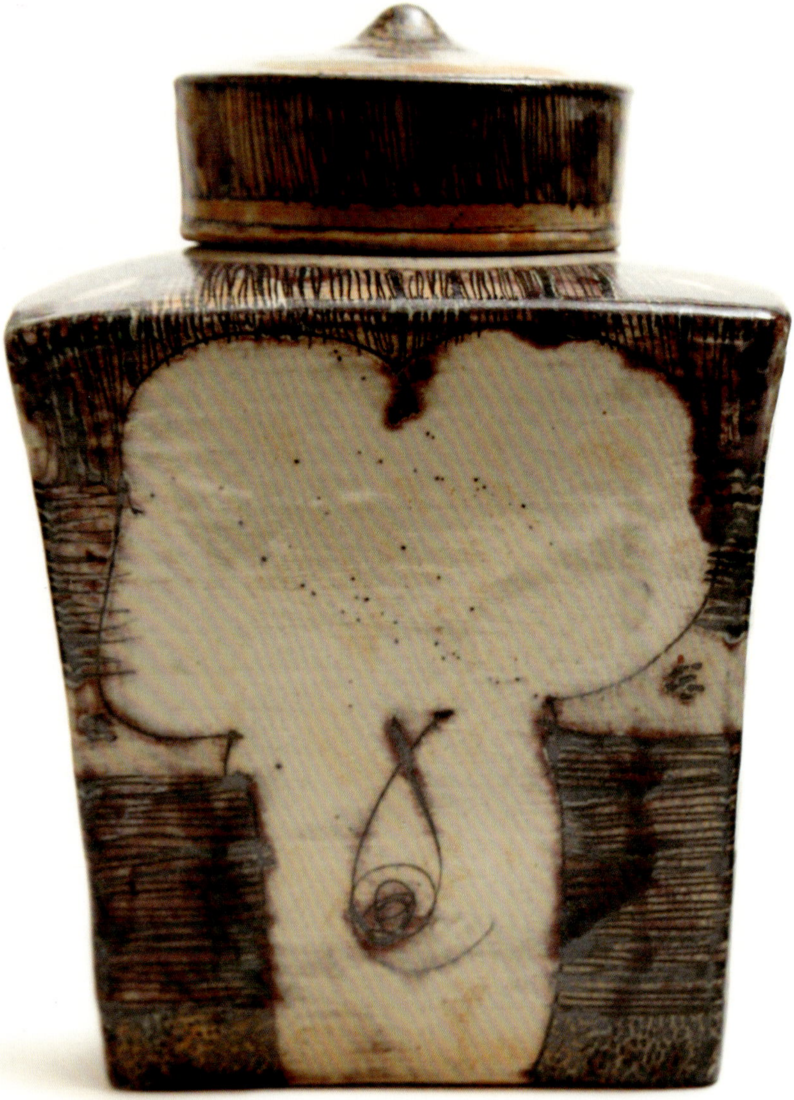

Boîte, 2008. H. 28 x 22 x 20 cm.

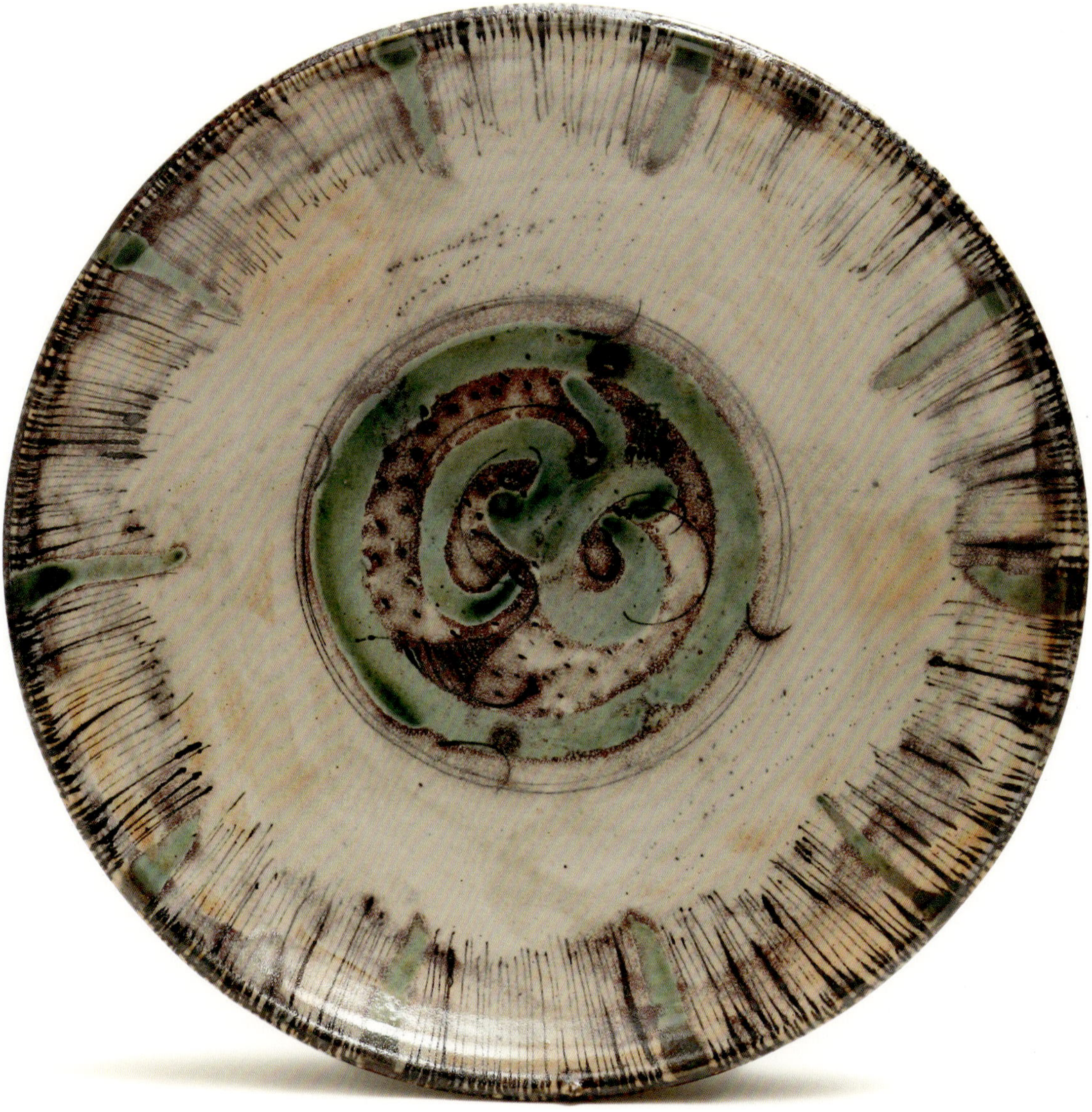

Coupe, 2006. H. 6 x 32 cm.

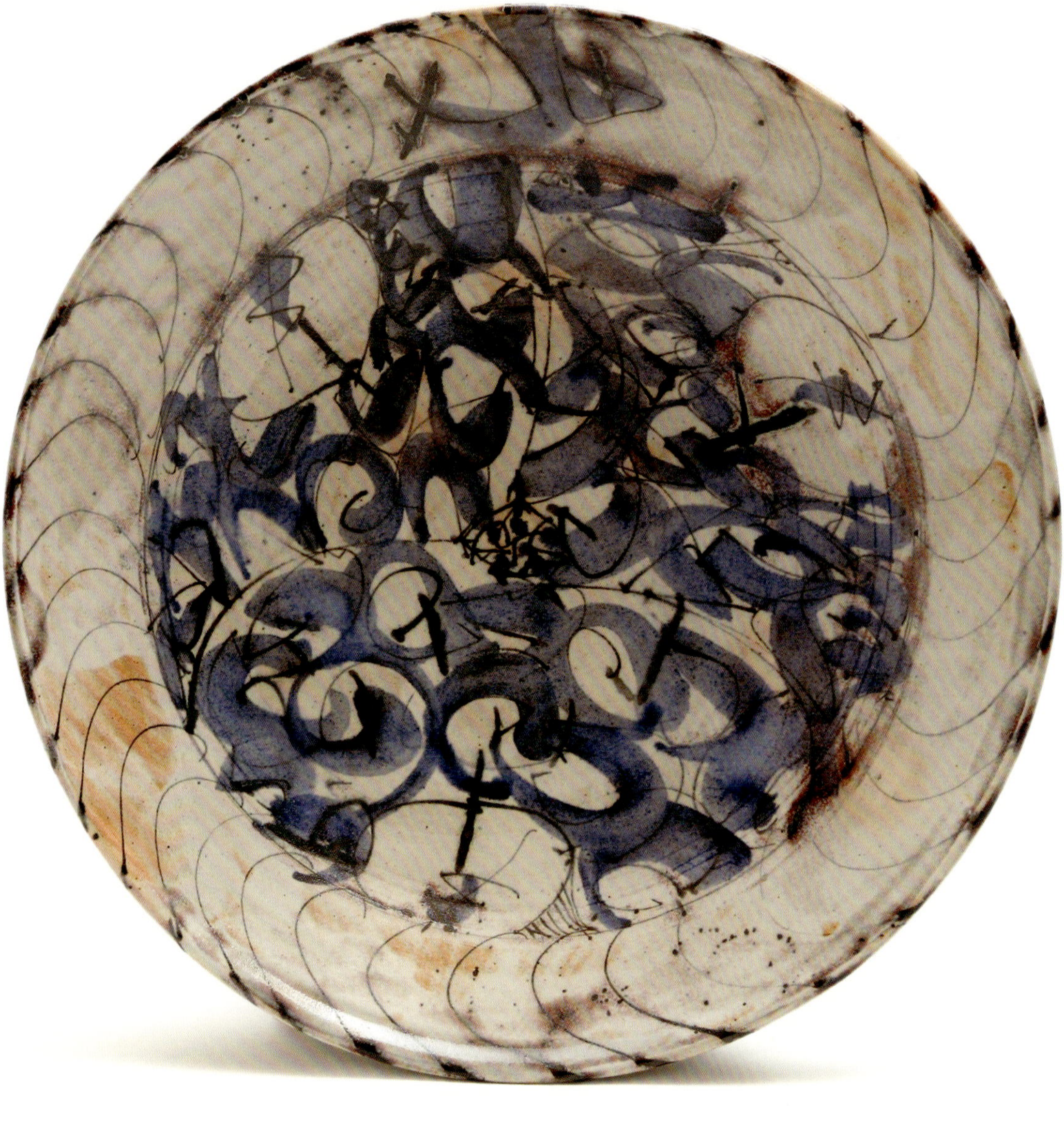

Grande Coupe, 2007. H. 6 x 32 cm.

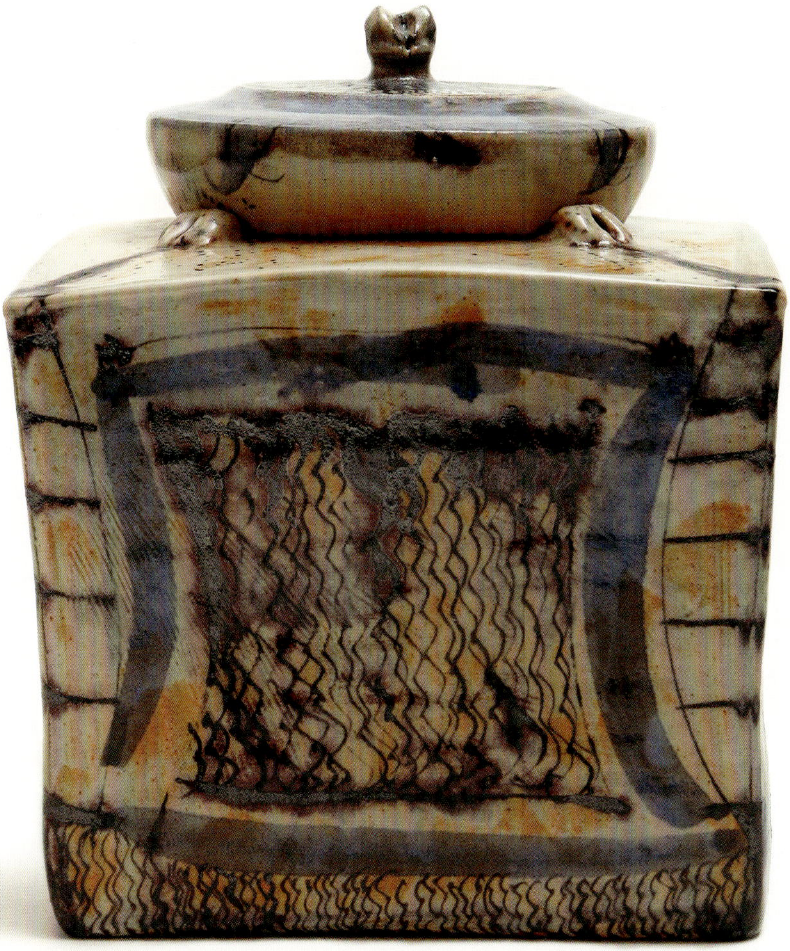

Boîte carrée, 2008. H. 18 x 21 cm.

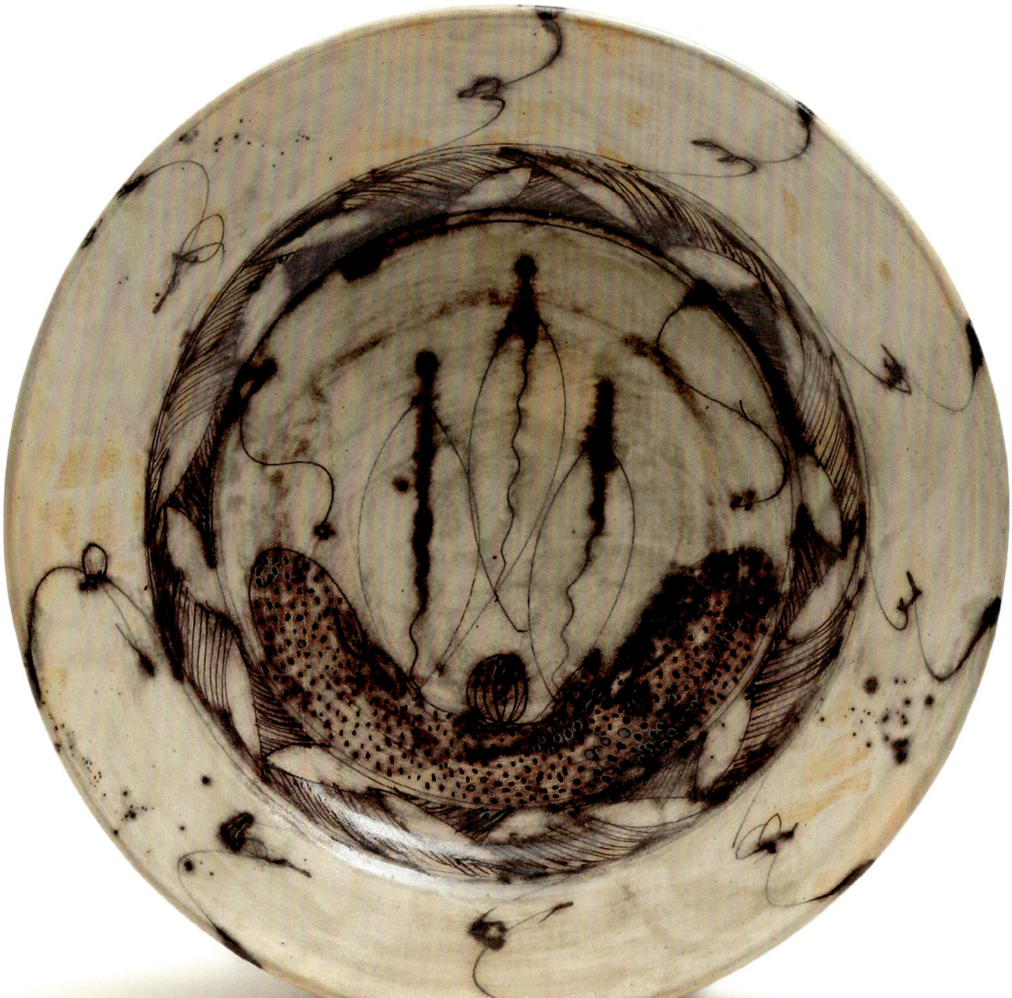

Coupe, 2008. H. 7,5 x 35 cm.

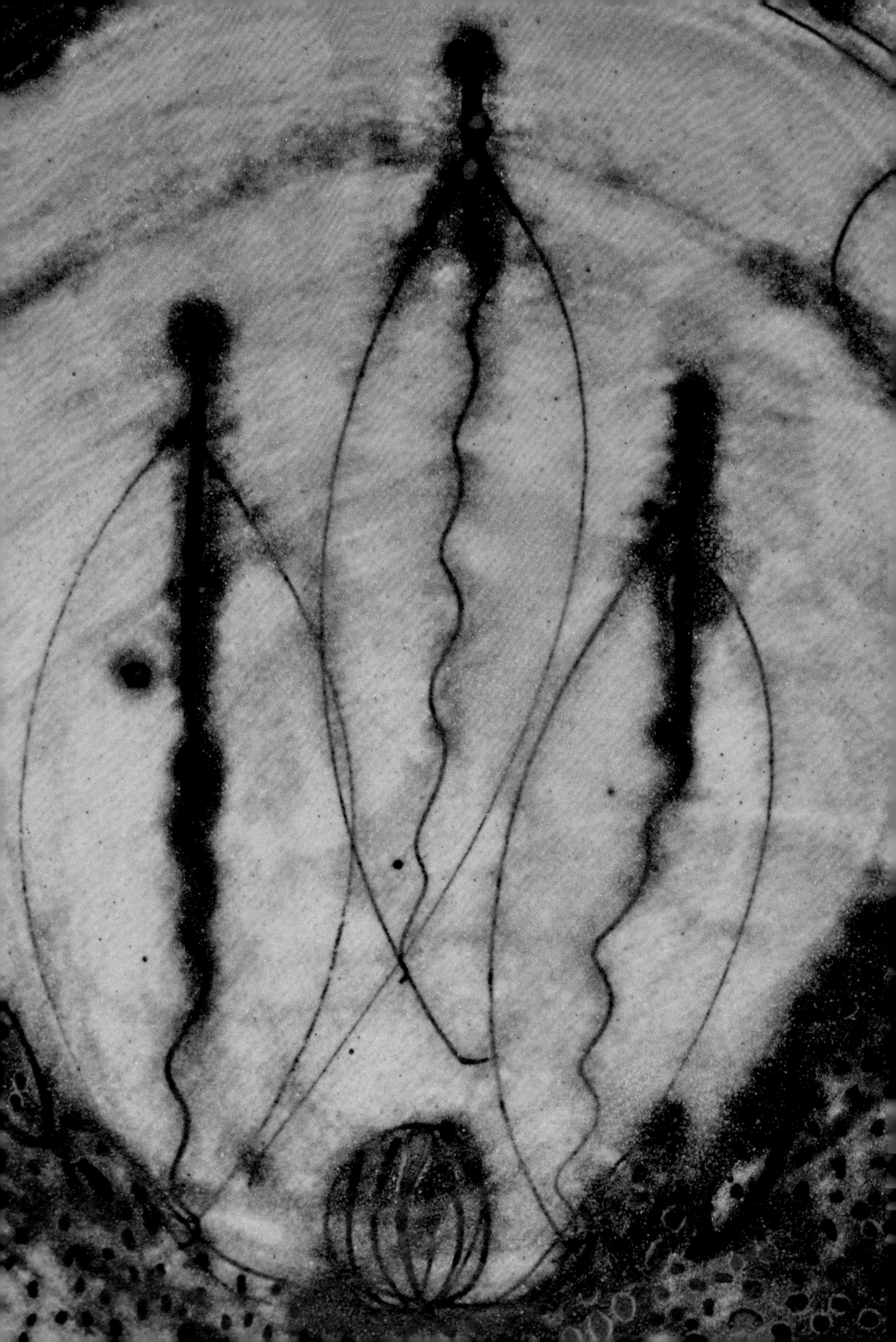

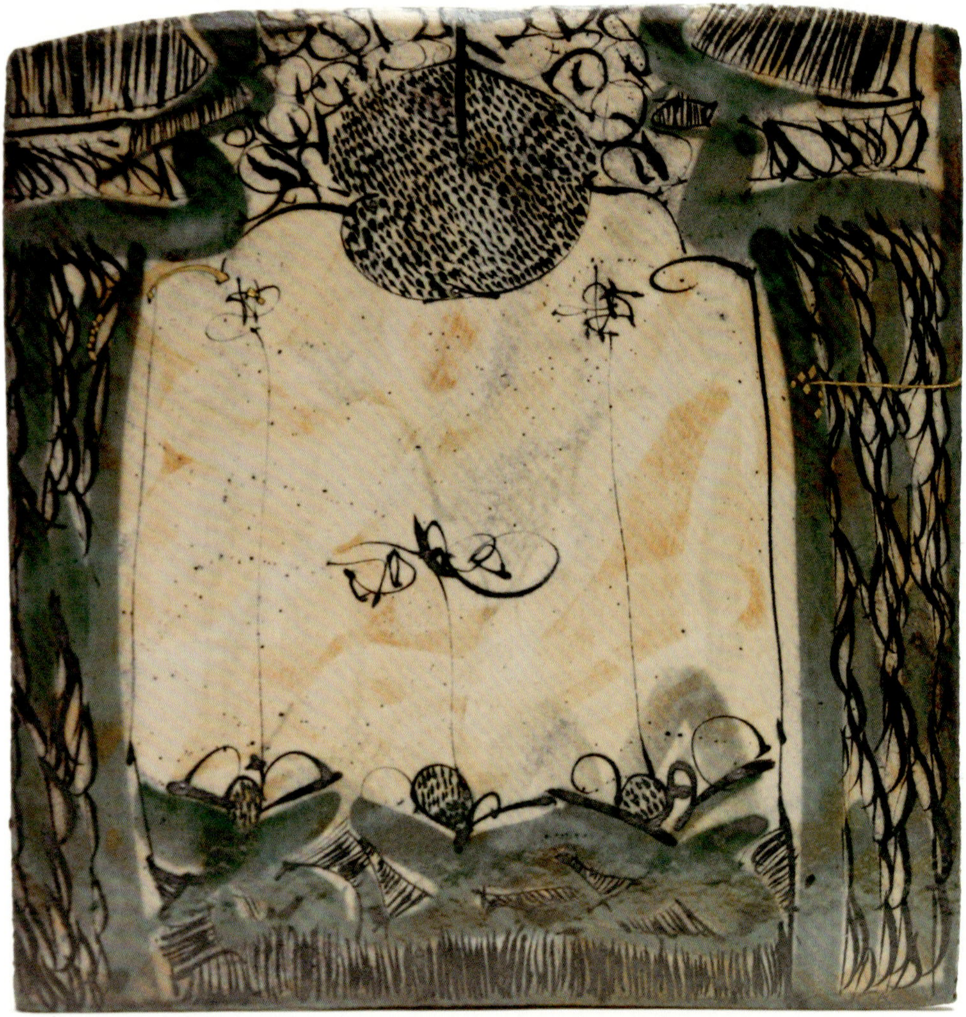

Plaque, 2008. H. 38 x 36 cm. Restauration à la laque d'or par Catherine Nicolas.

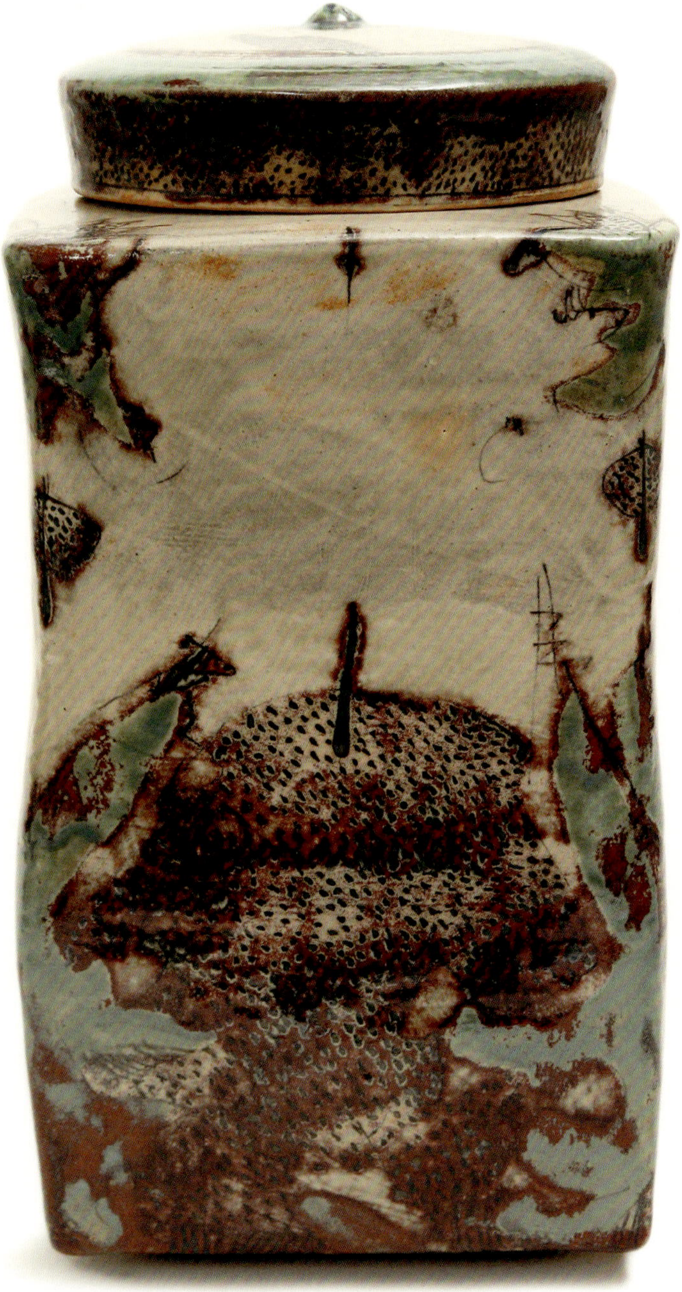

Haute Boîte, 2008. H. 36 x 19 x 19 cm.

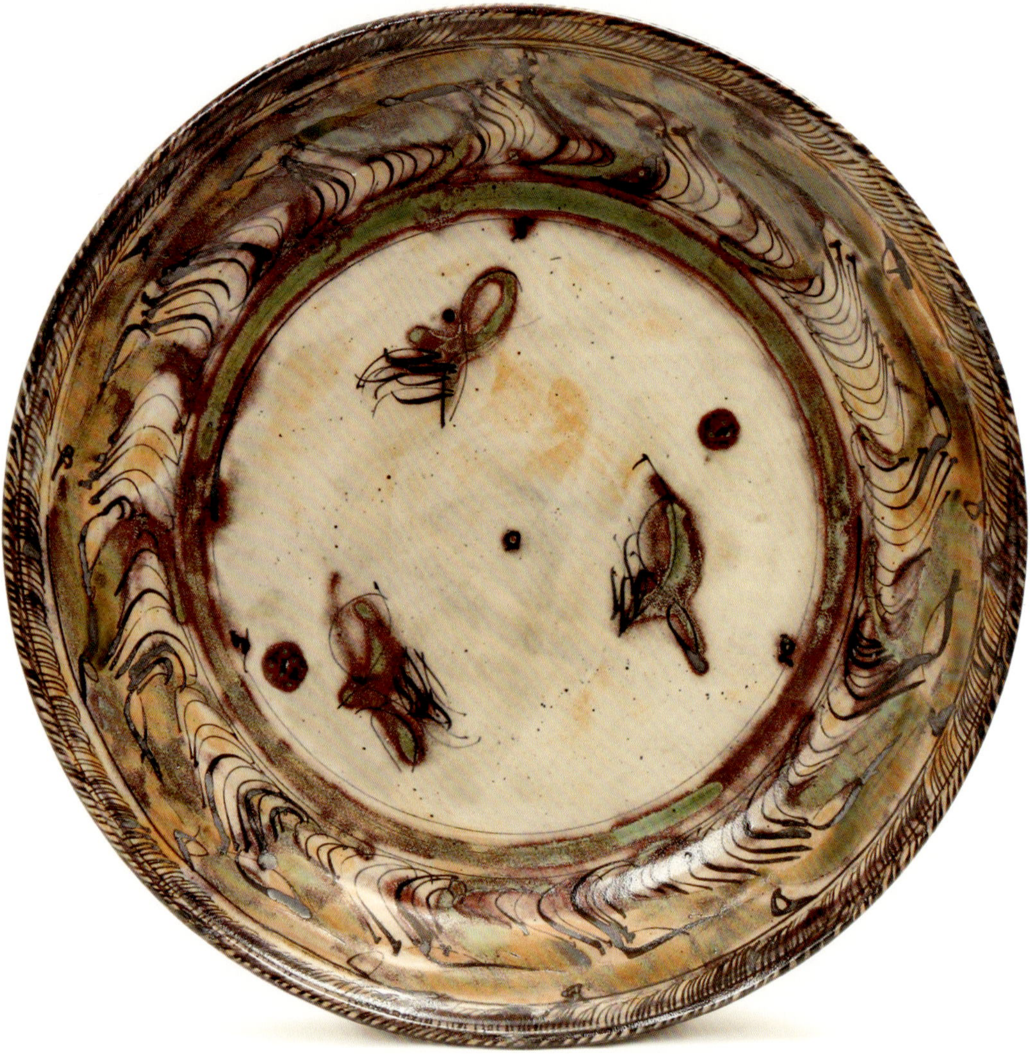

Plat, 2007. H. 7 x 47 cm.

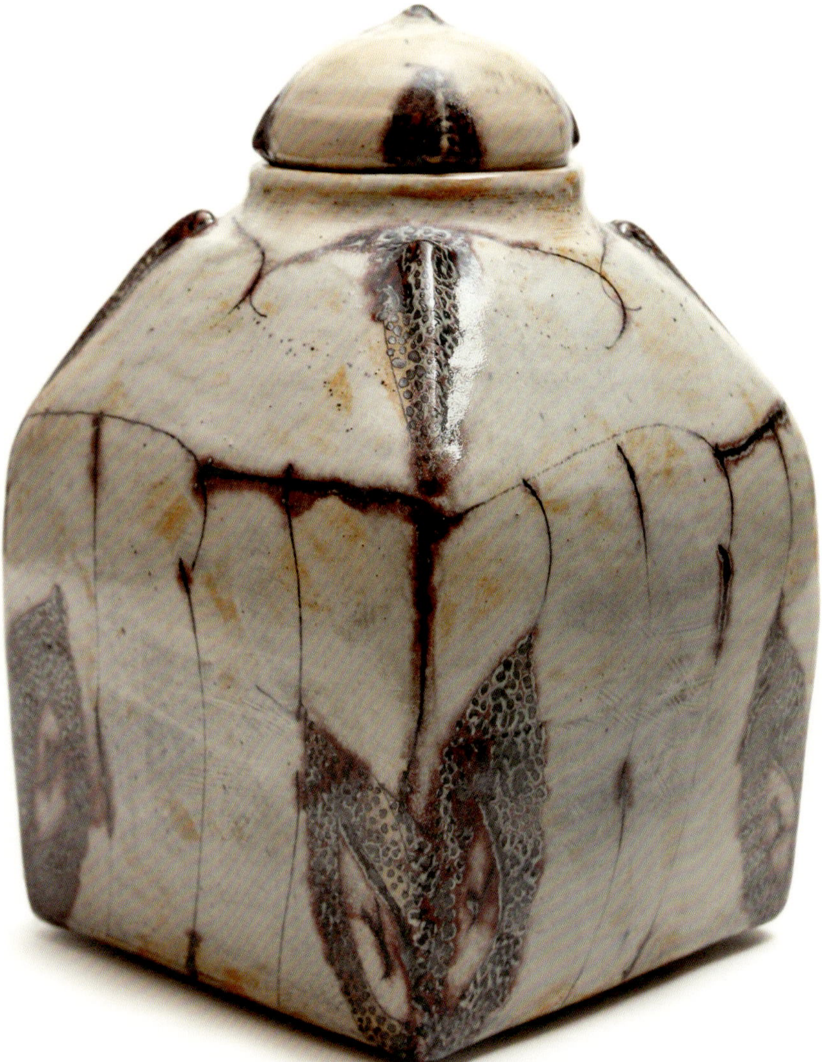

Boîte, 2008. H. 30 x 22 cm.

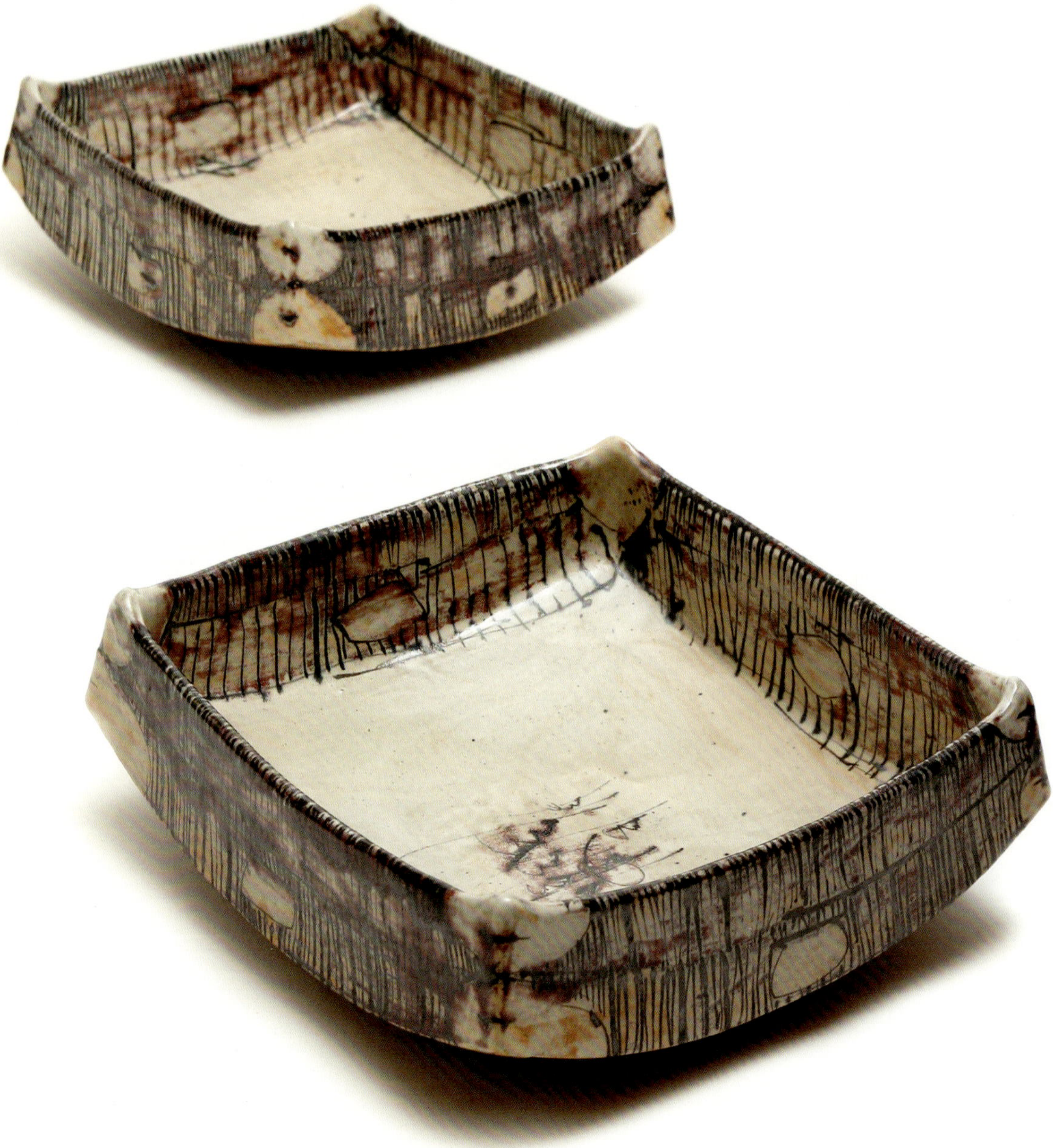

Coupes carénées, 2007. H. 11 x 28,5 cm - H. 11 x 27 cm.

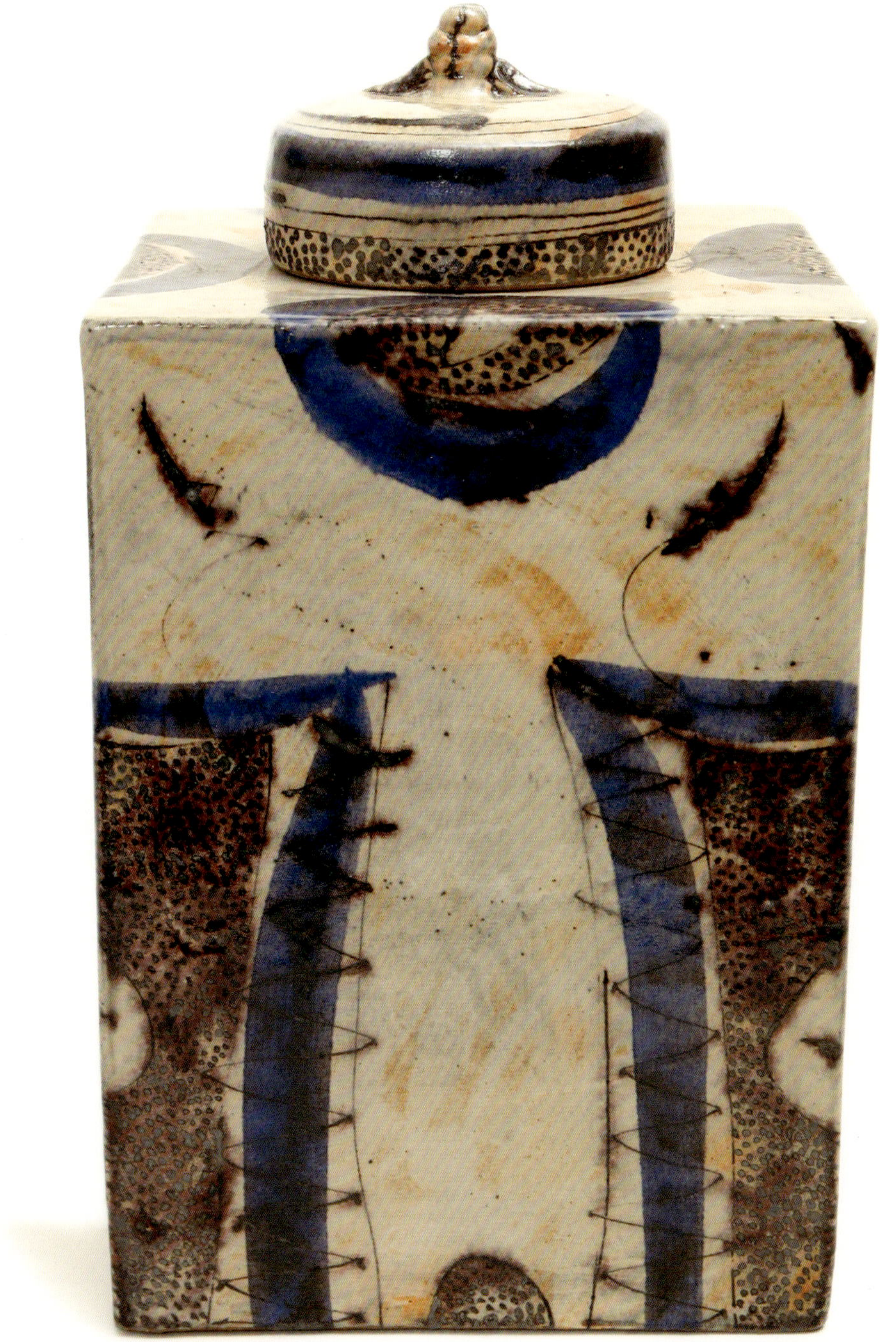

Boîte, 2008. H. 36 x 20 cm.

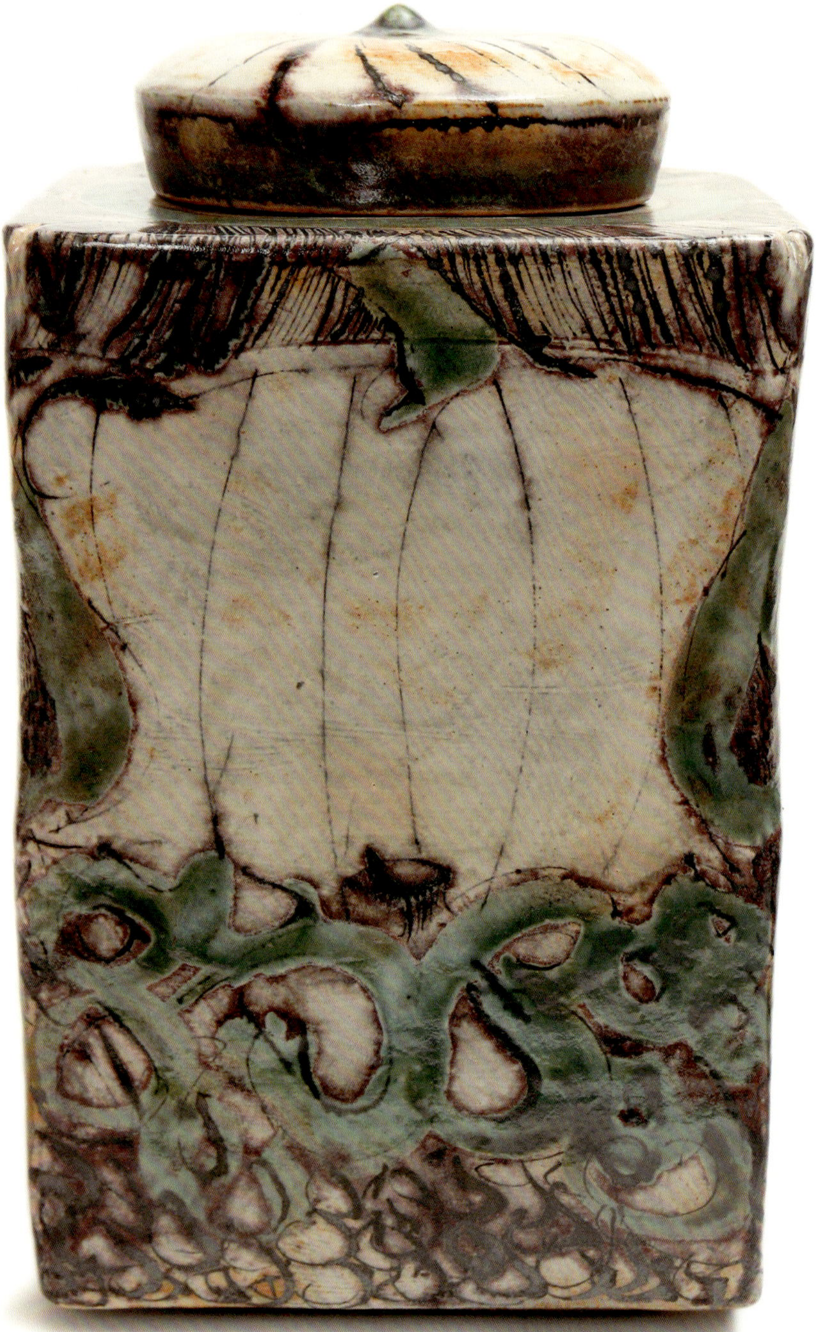

Haute Boîte, 2008. H. 38 x 23 x 23 cm.

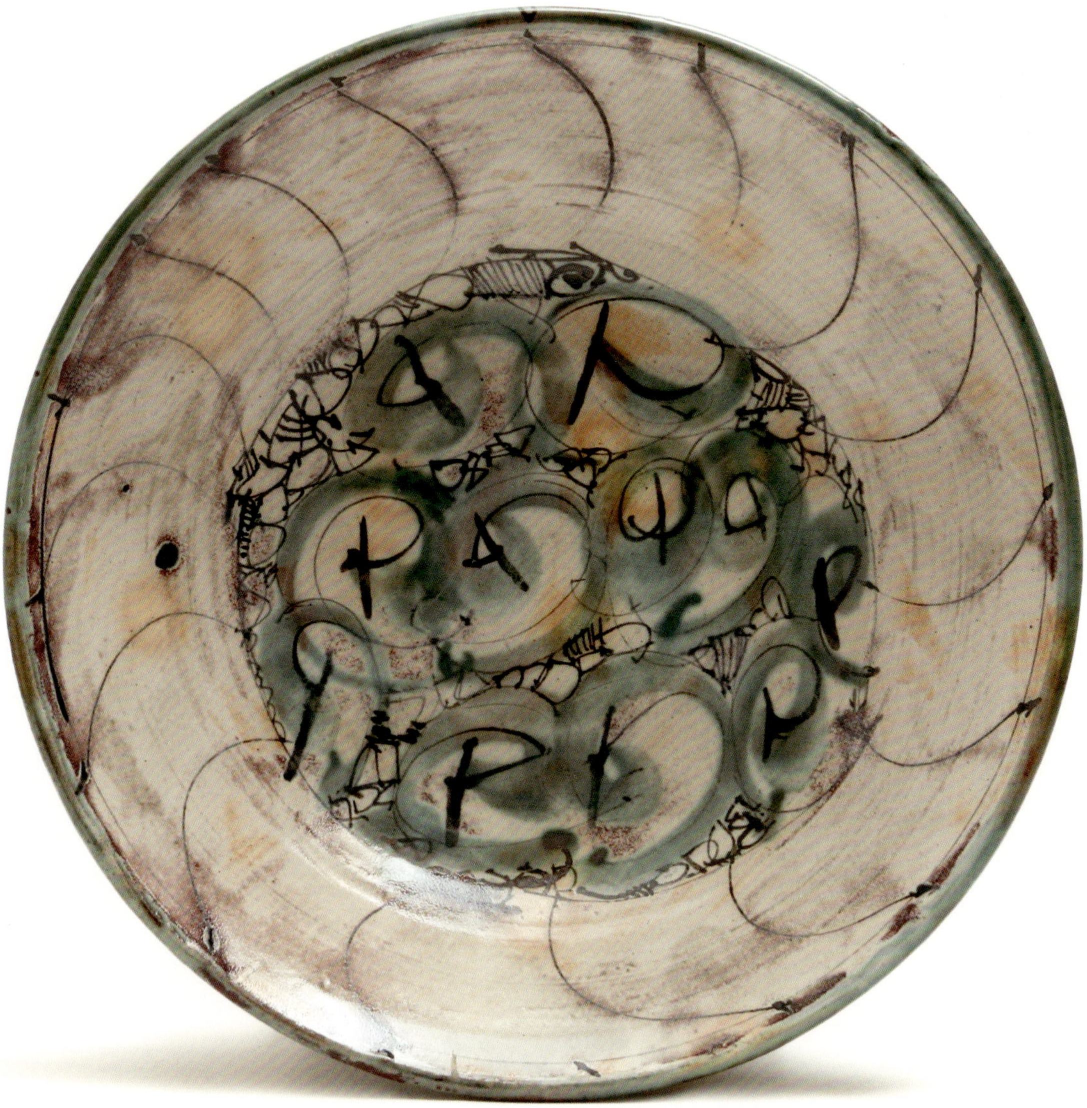

Coupe, 2007. H. 7 x 32 cm.

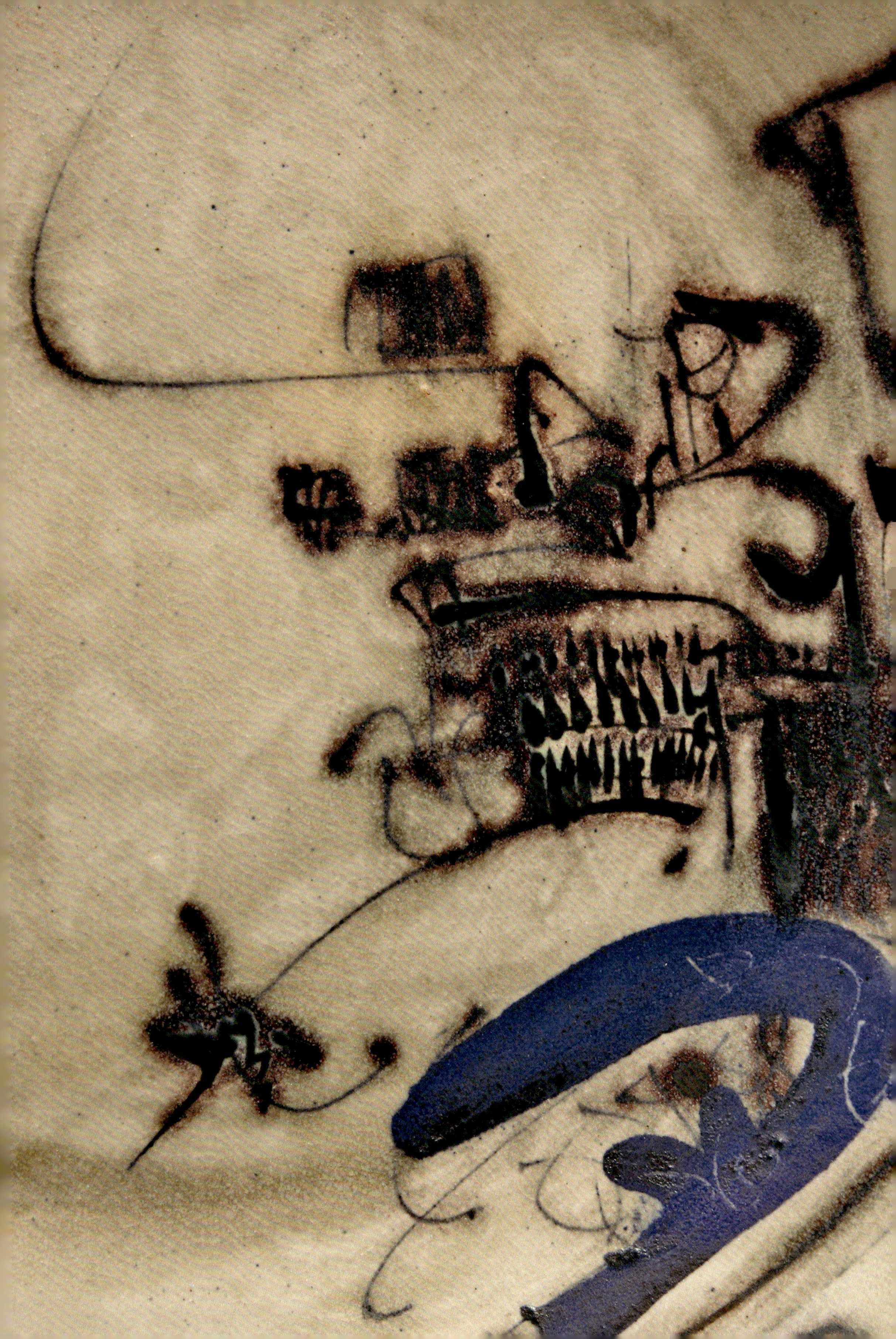

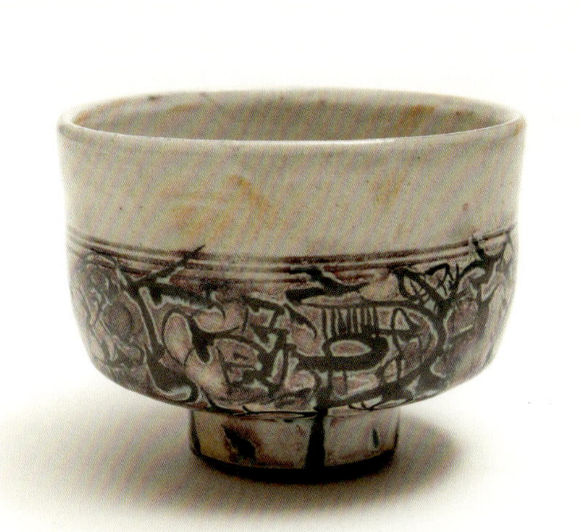
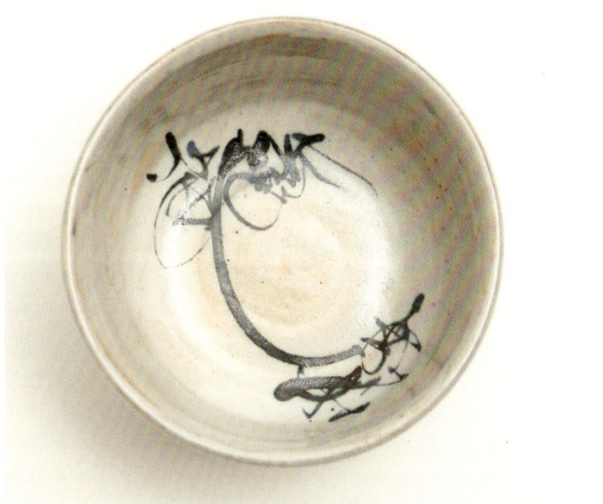
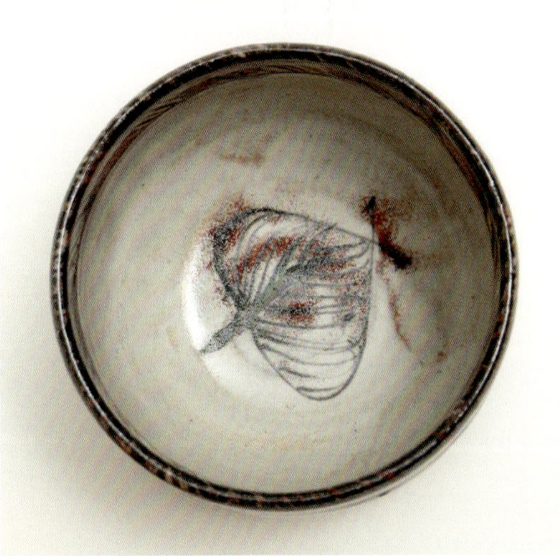
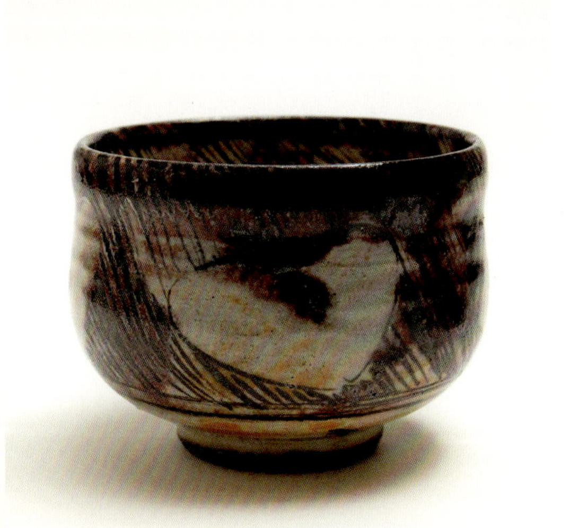
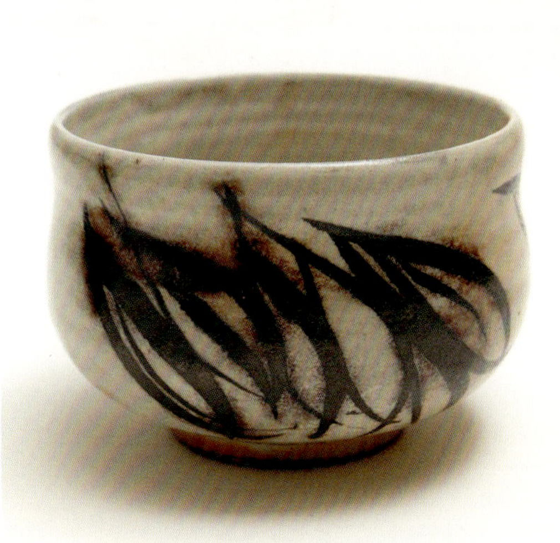
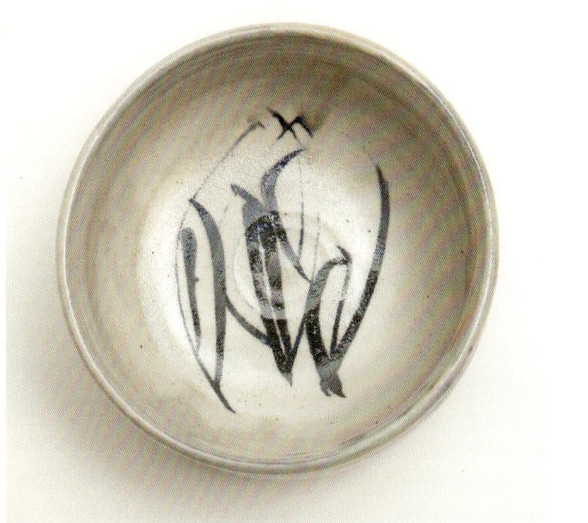

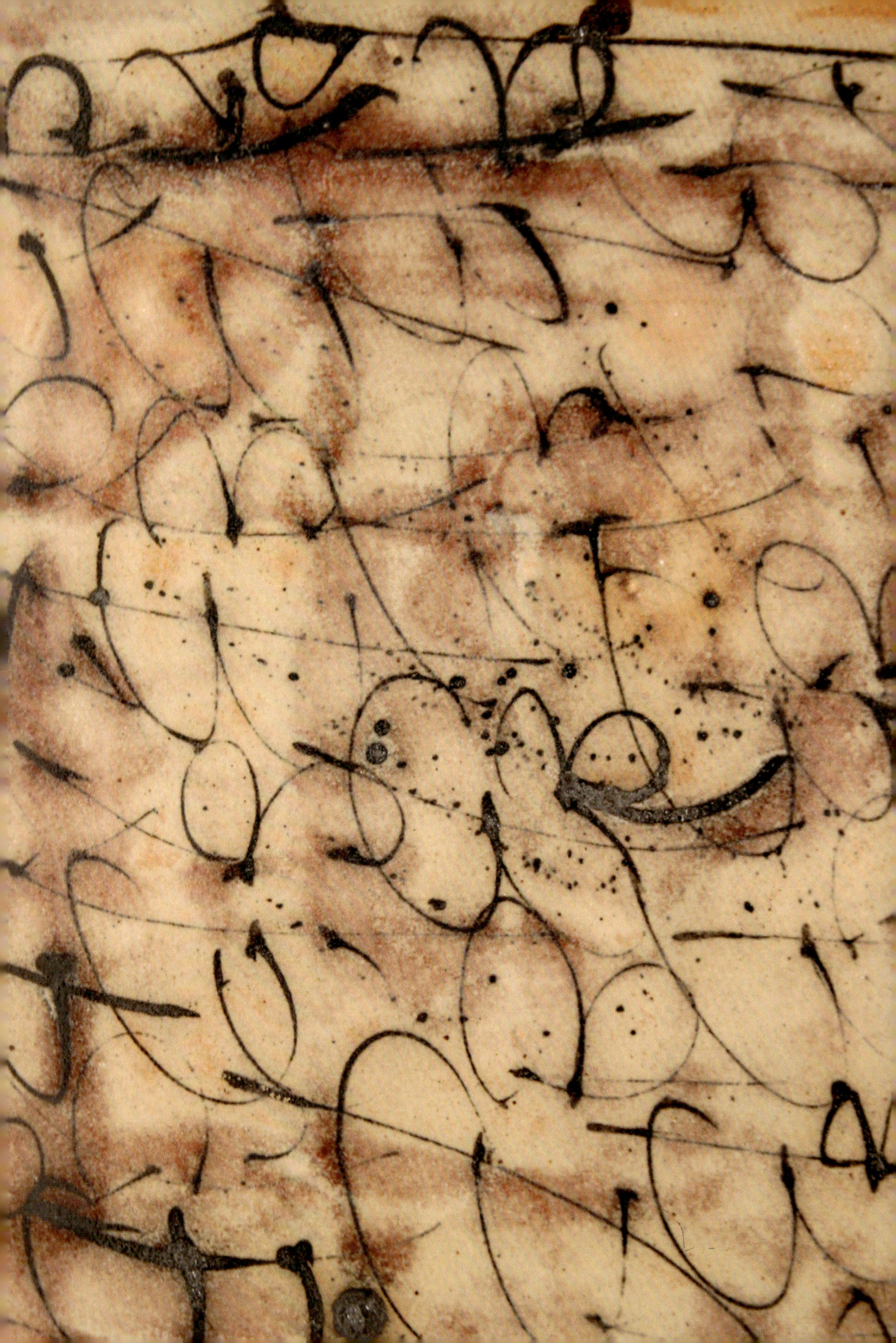

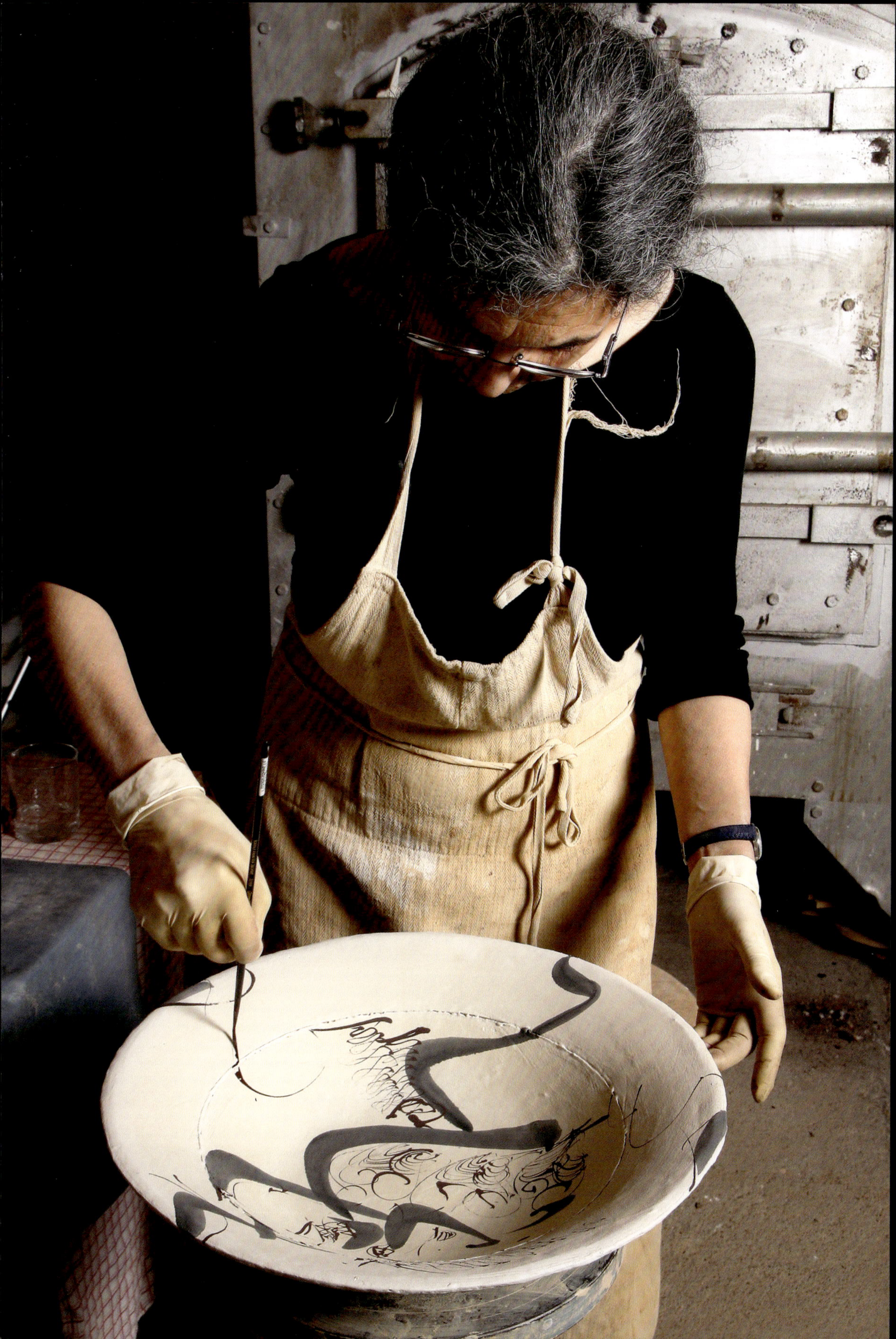

Dans l'atelier

« La poterie n'est-elle pas une des plus anciennes manifestations du génie et de la civilisation de l'homme et une des plus fines fleurs du cerveau et de la main ? Il suffit d'avoir regardé durant cinq minutes travailler un potier assis devant sa roue pour l'envier, tellement son art est un prodige. »

Blaise Cendrars, *L'Homme foudroyé*

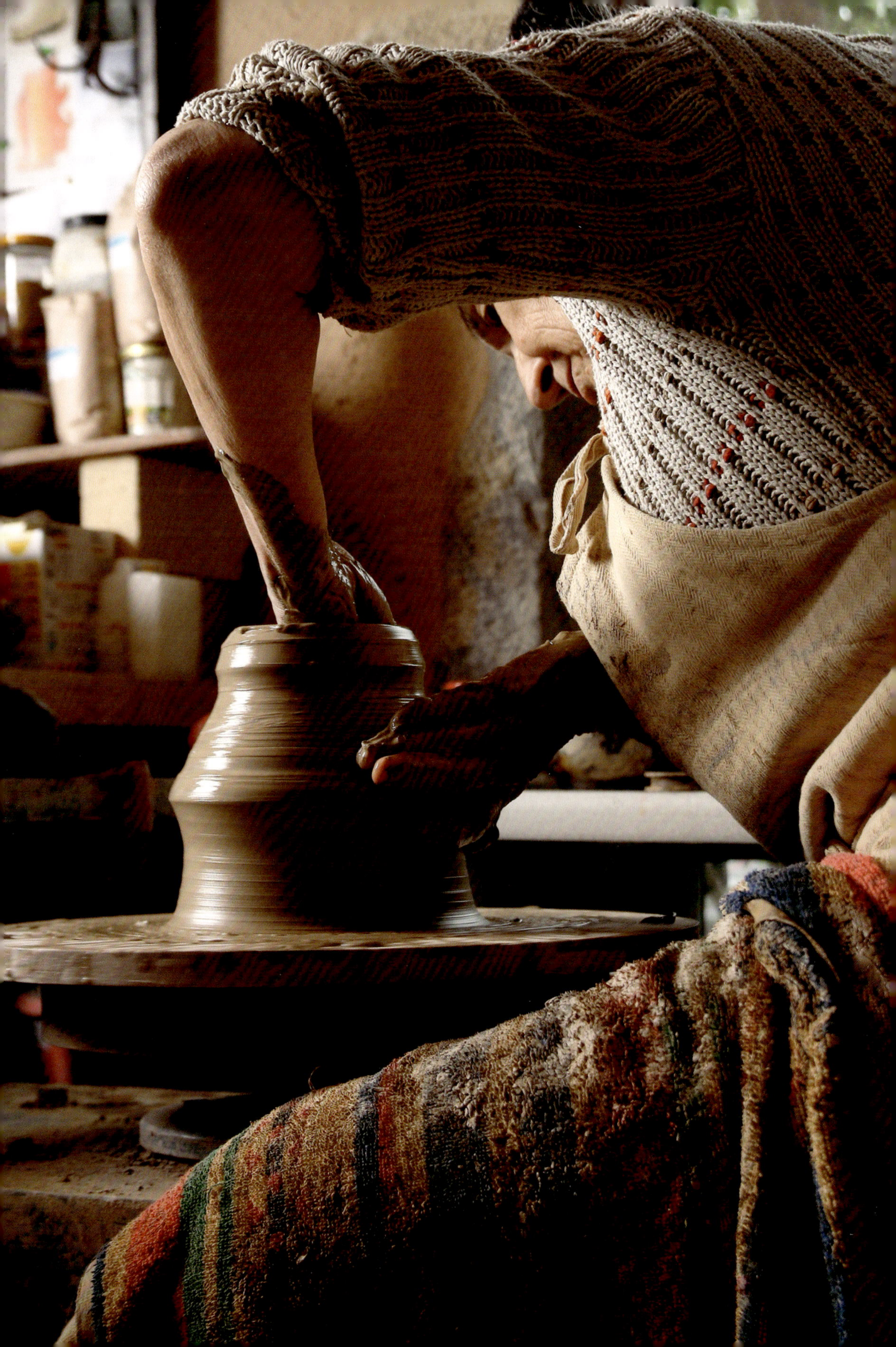

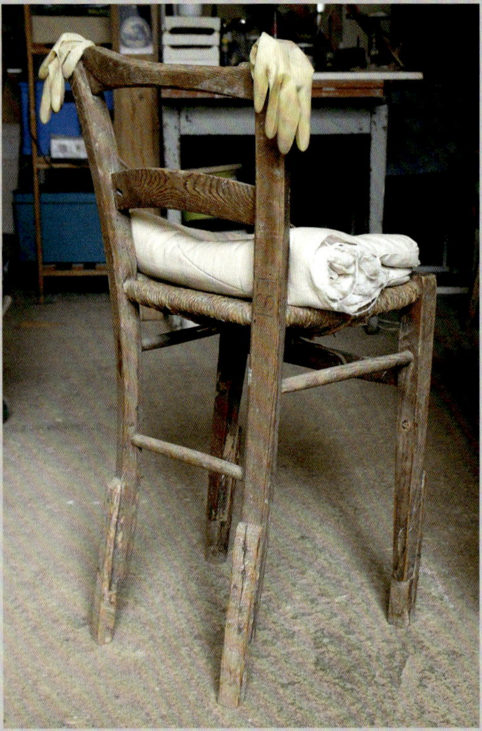
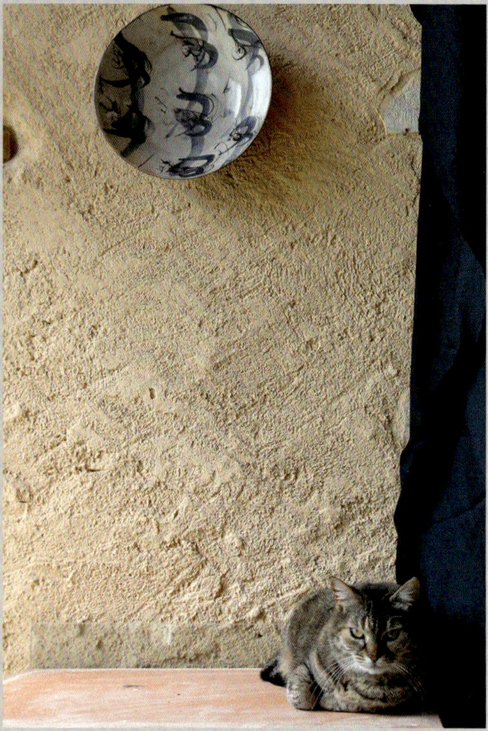
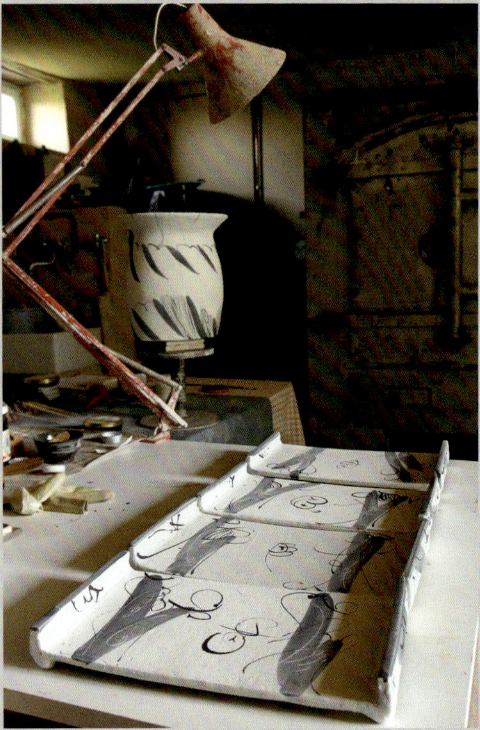
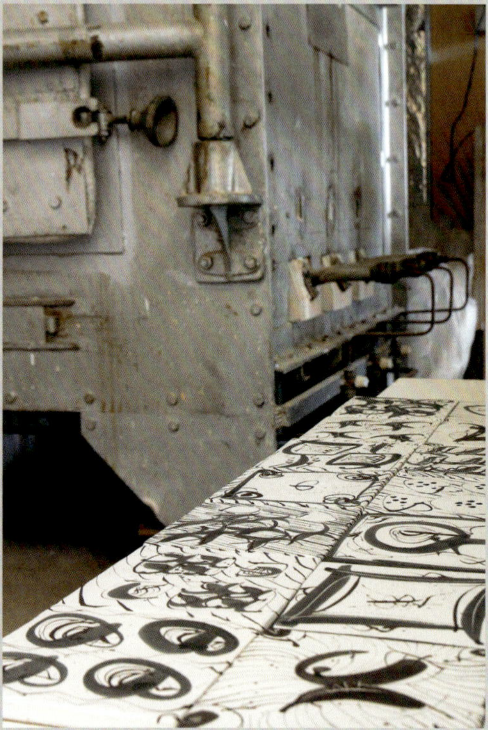

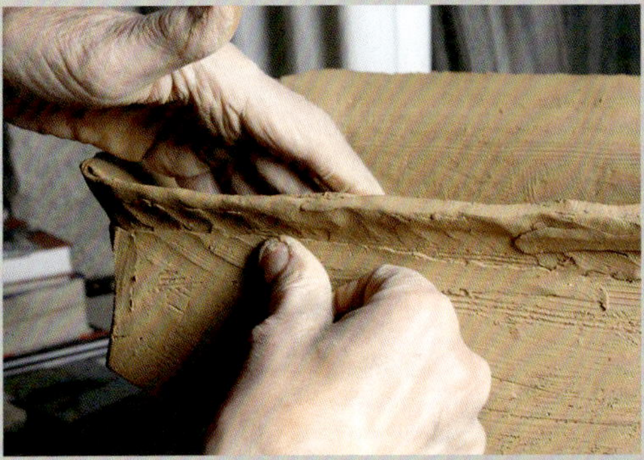
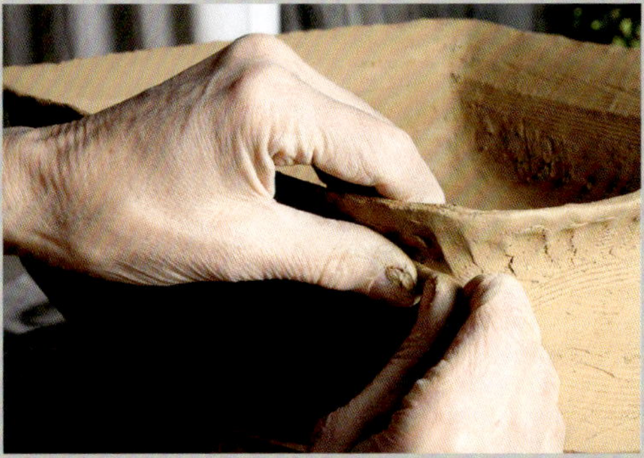
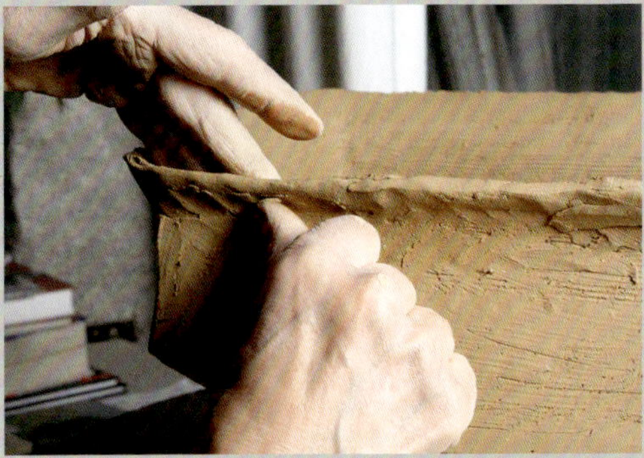
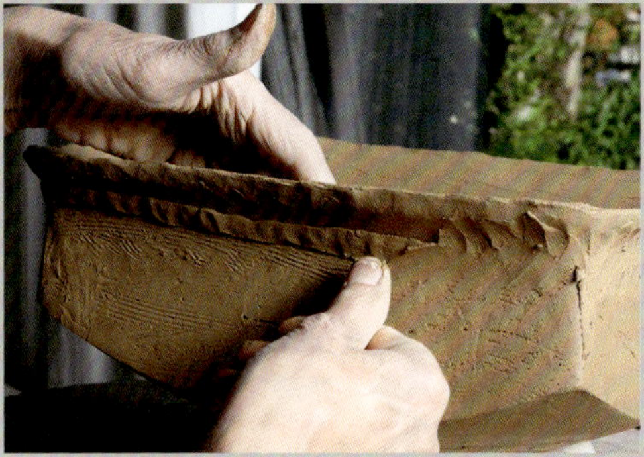
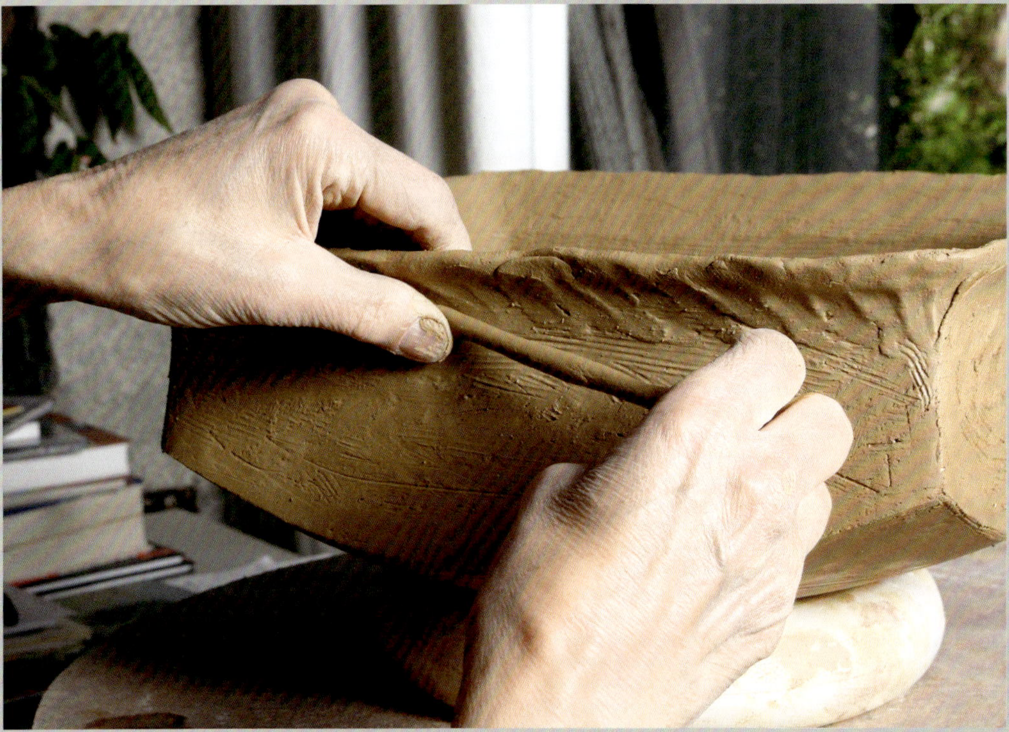

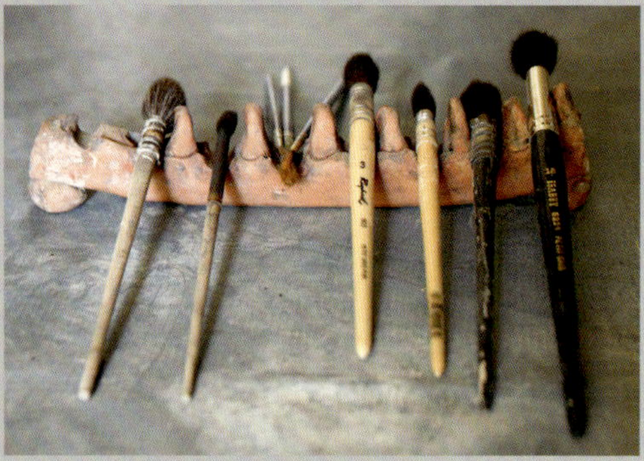

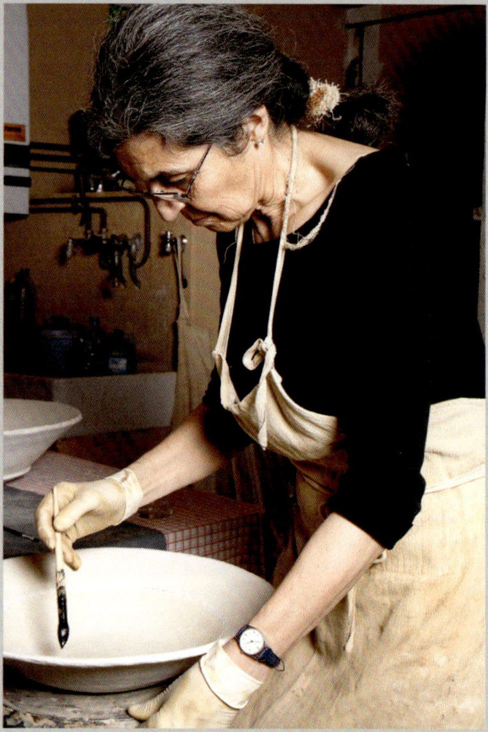

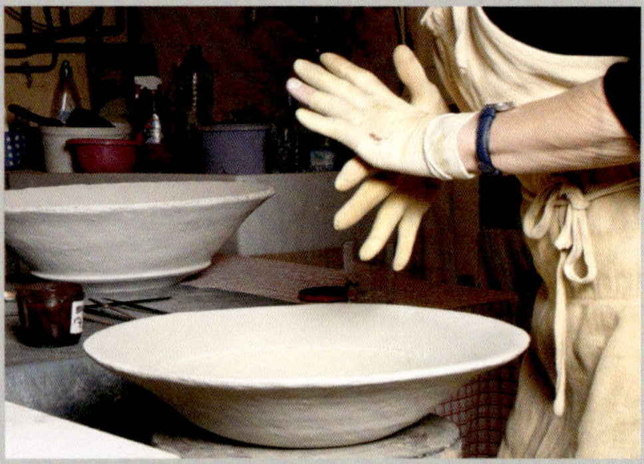

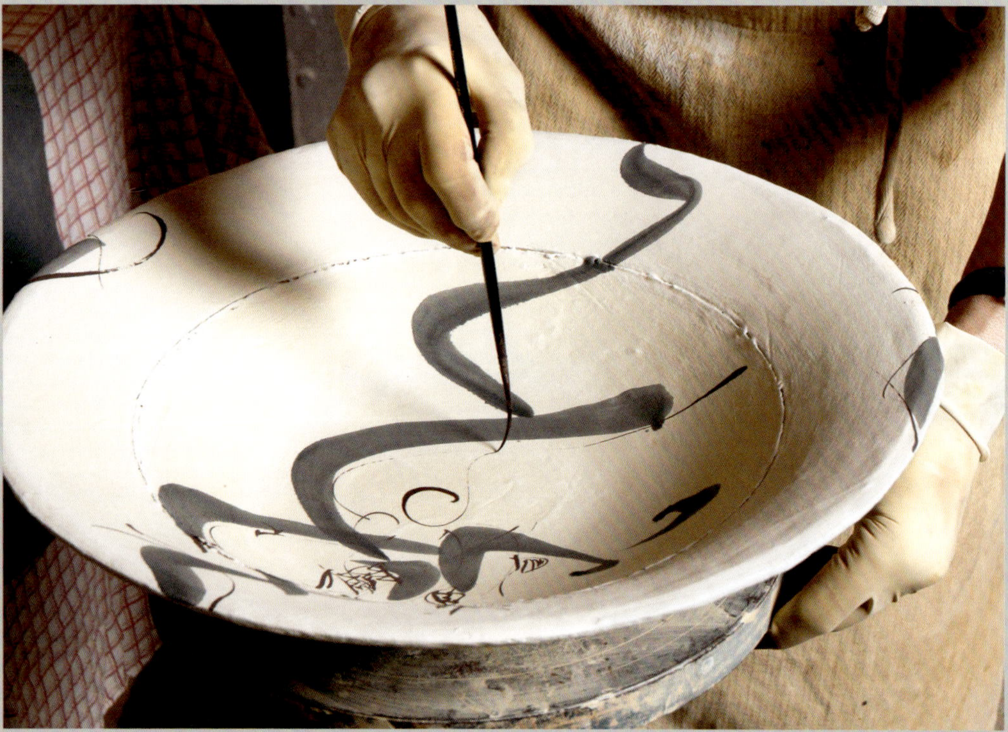

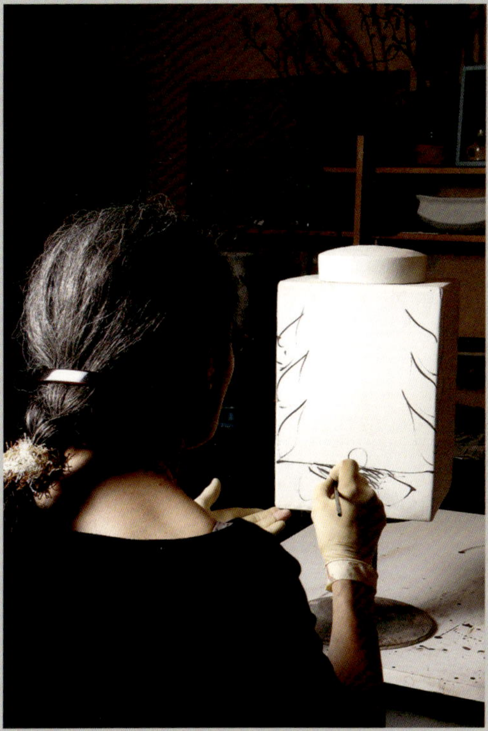
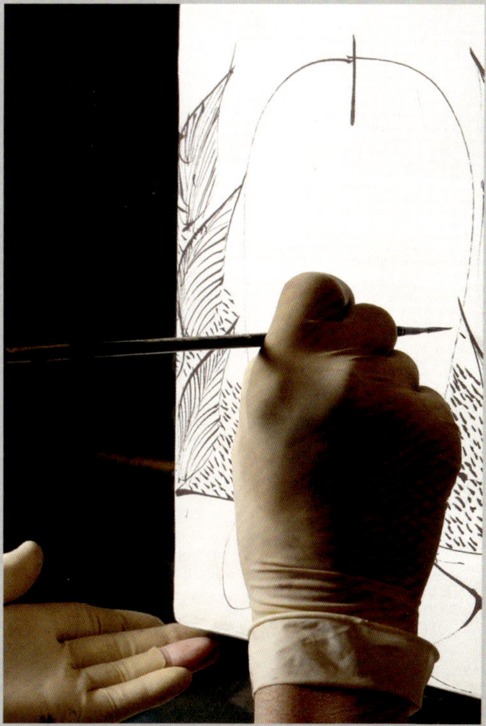
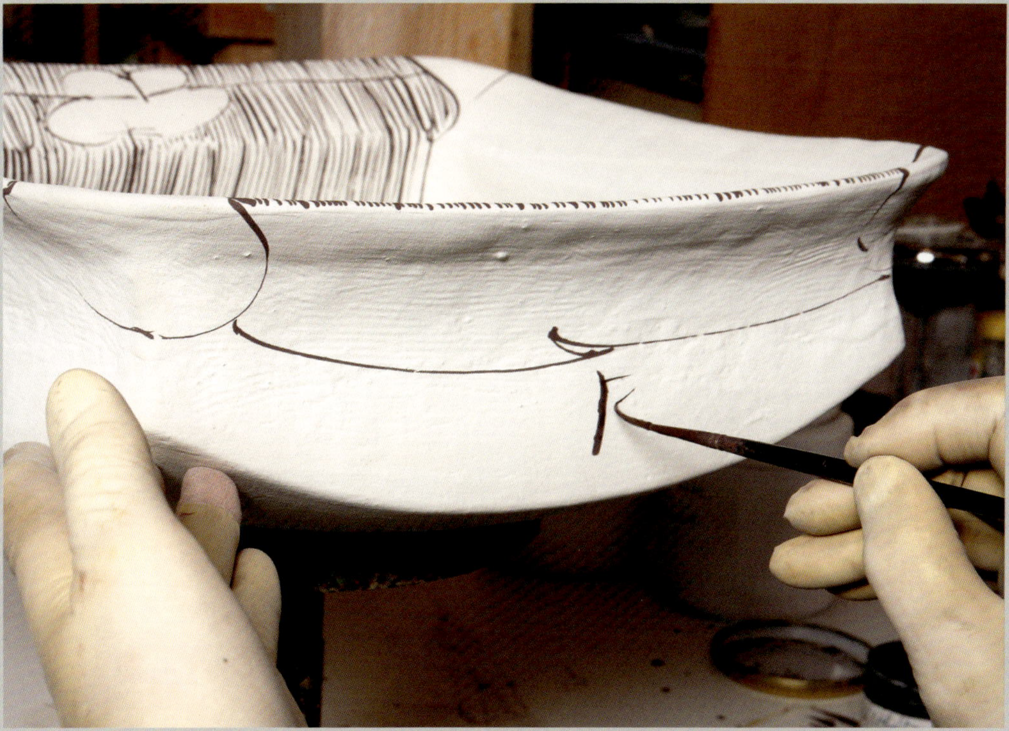

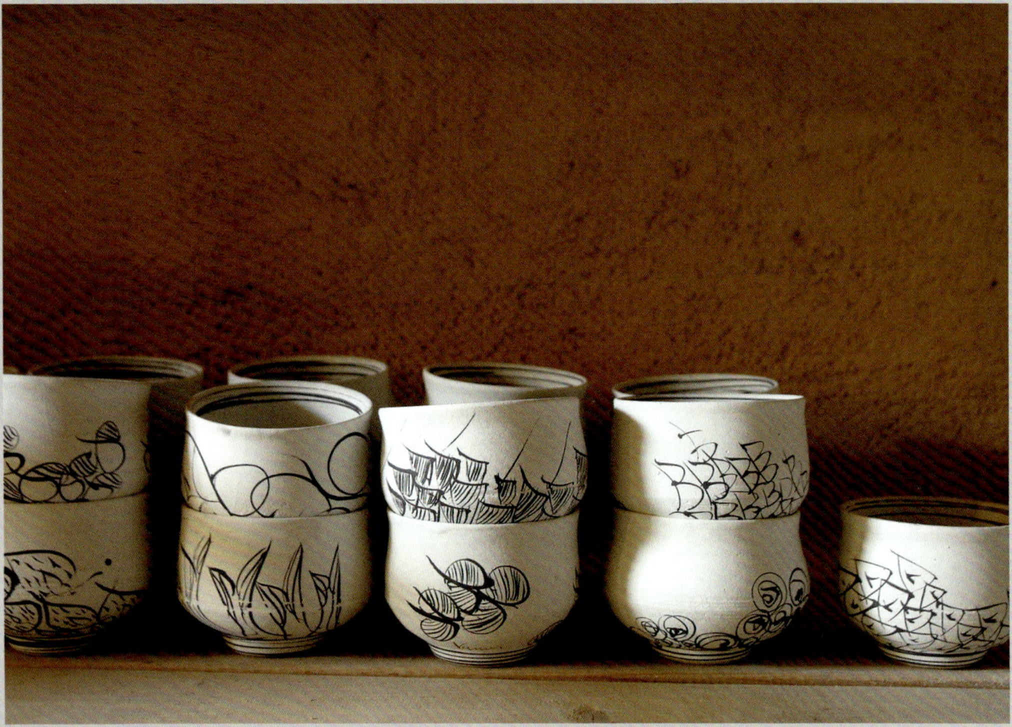
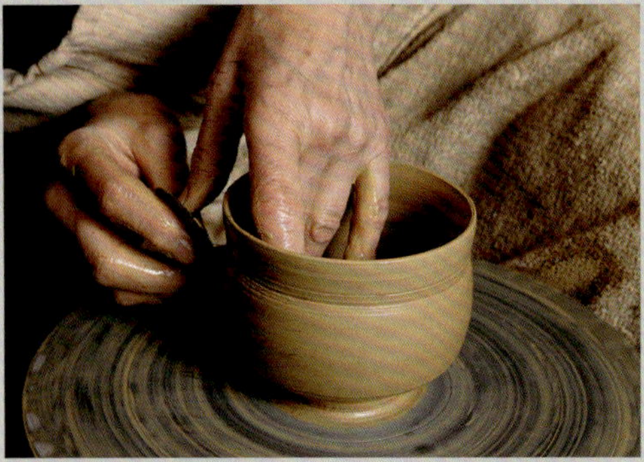
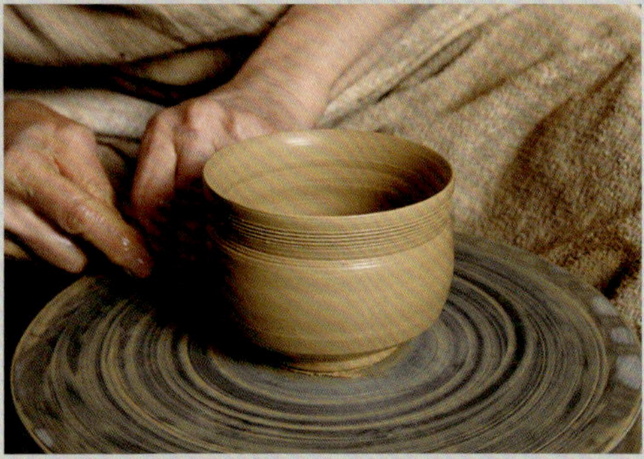
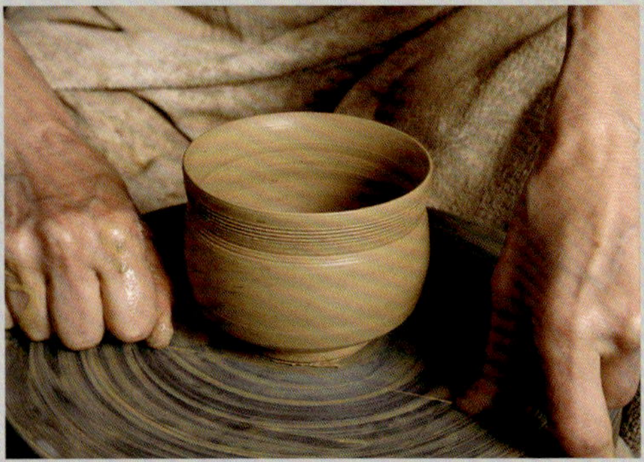
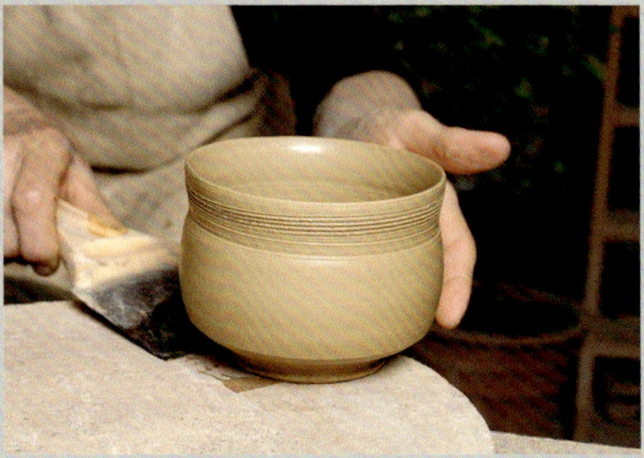

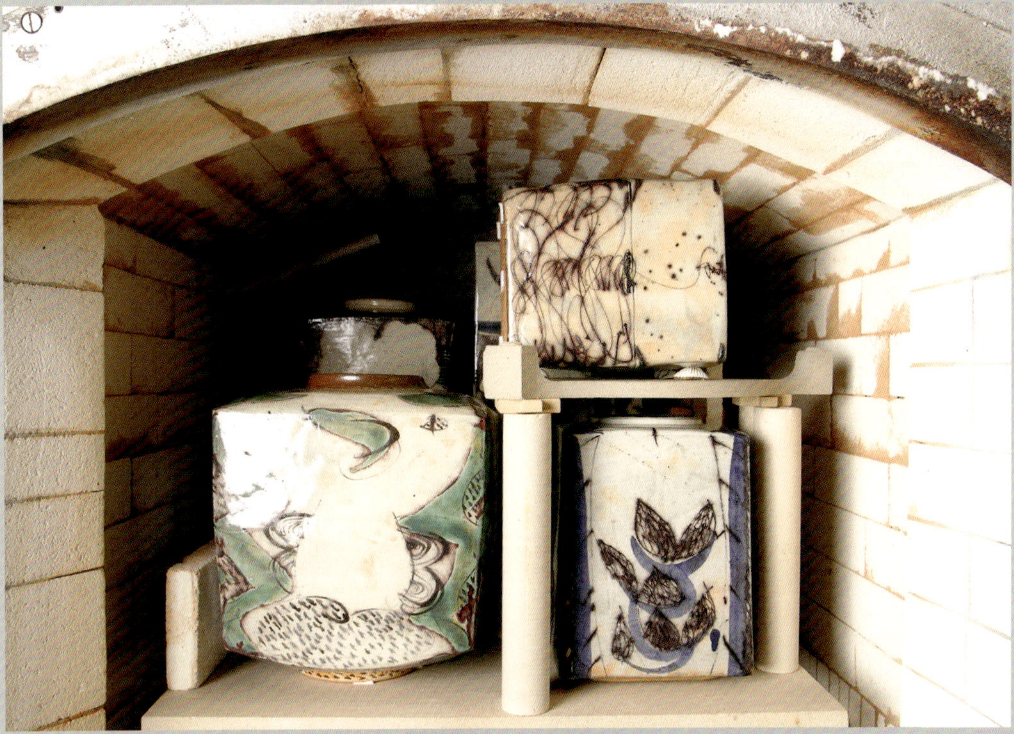

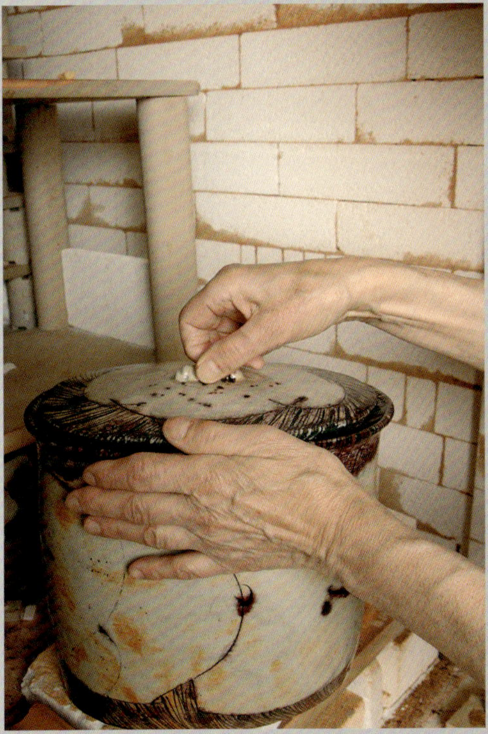

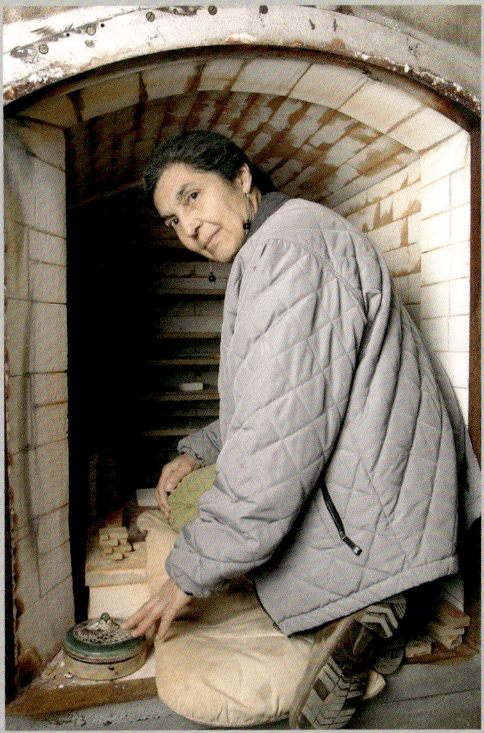

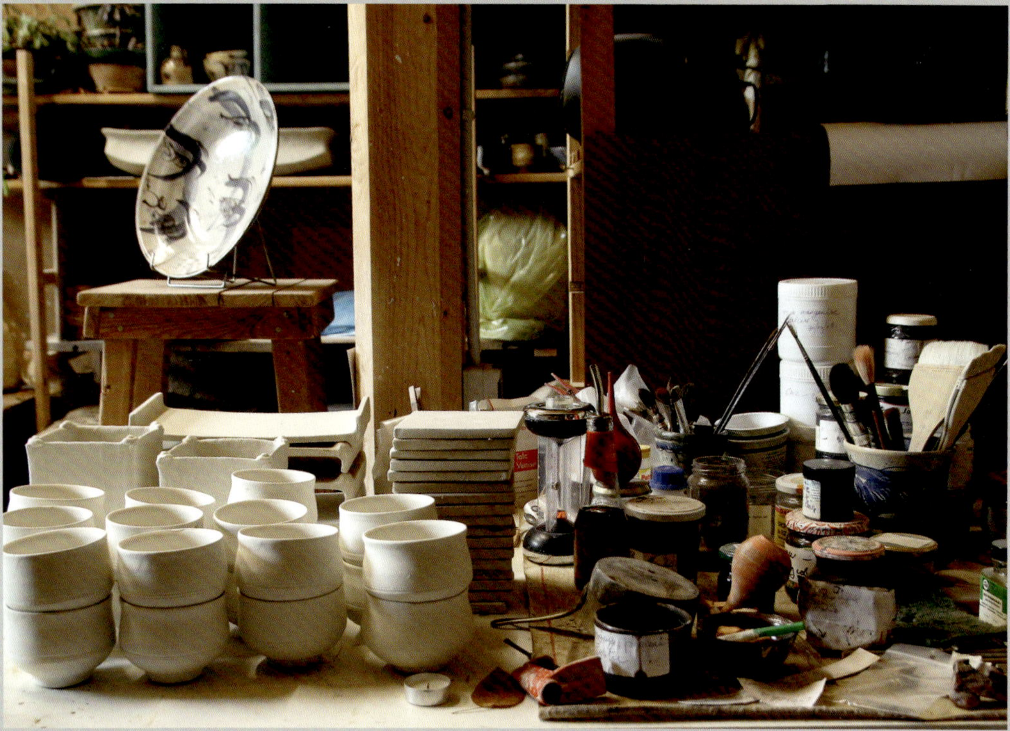

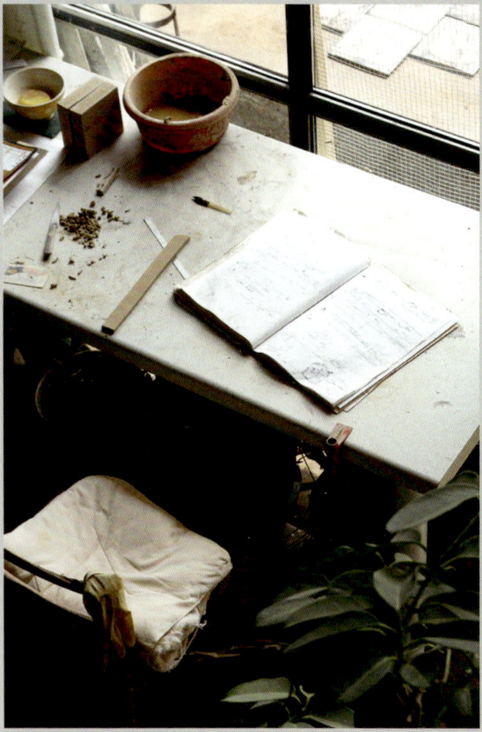

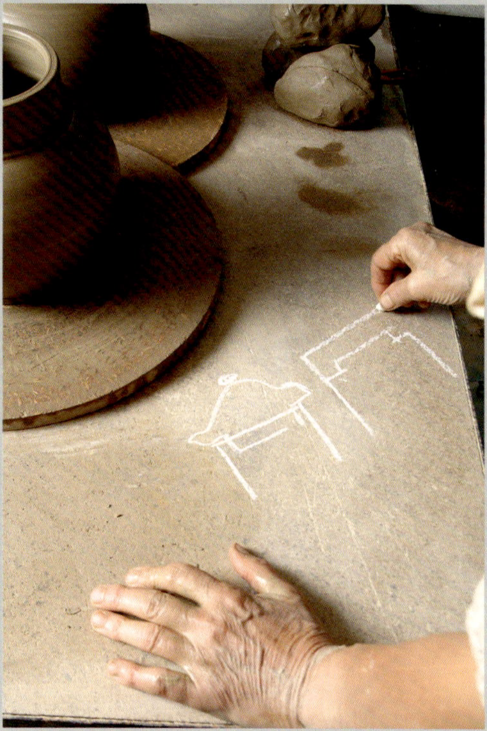

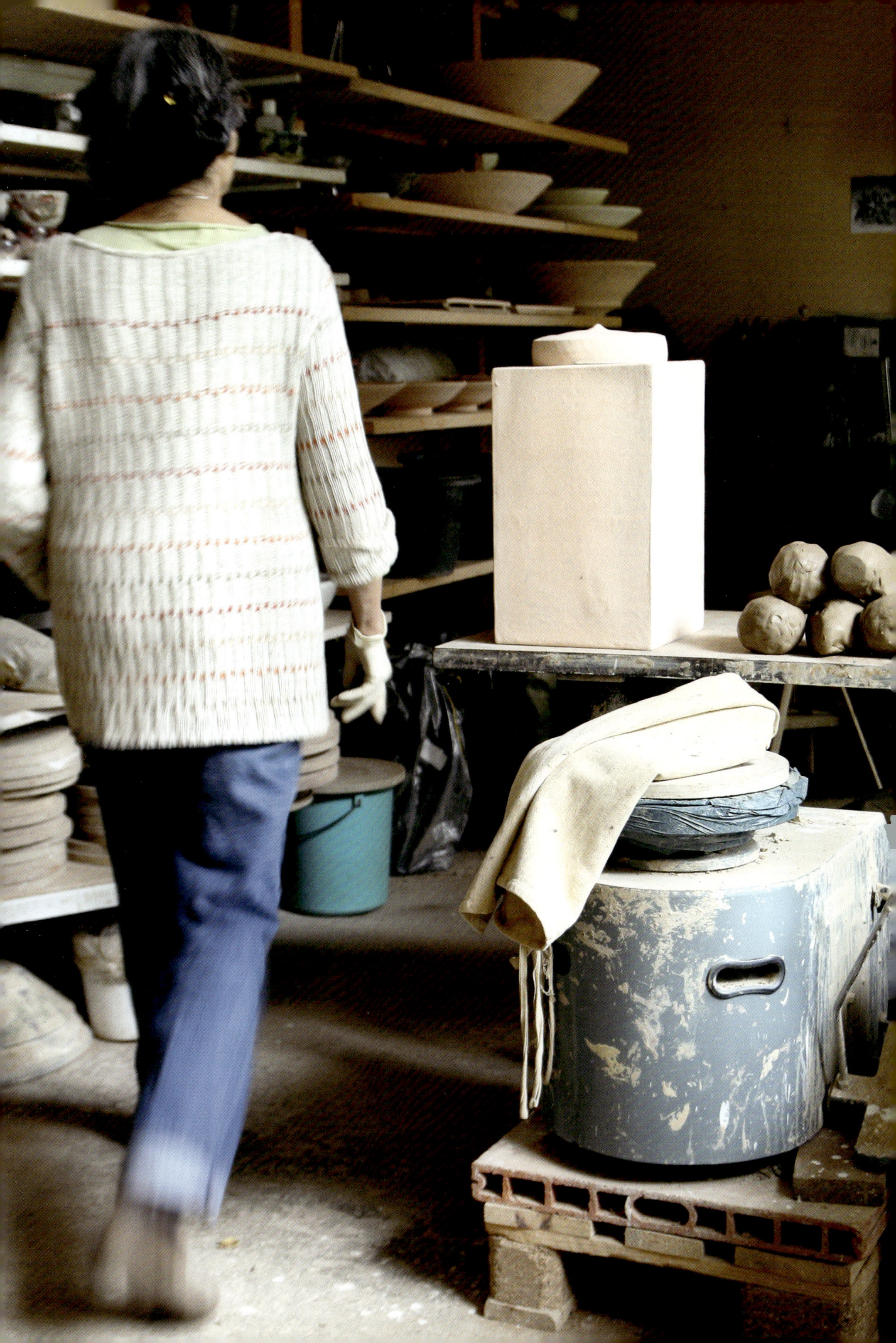

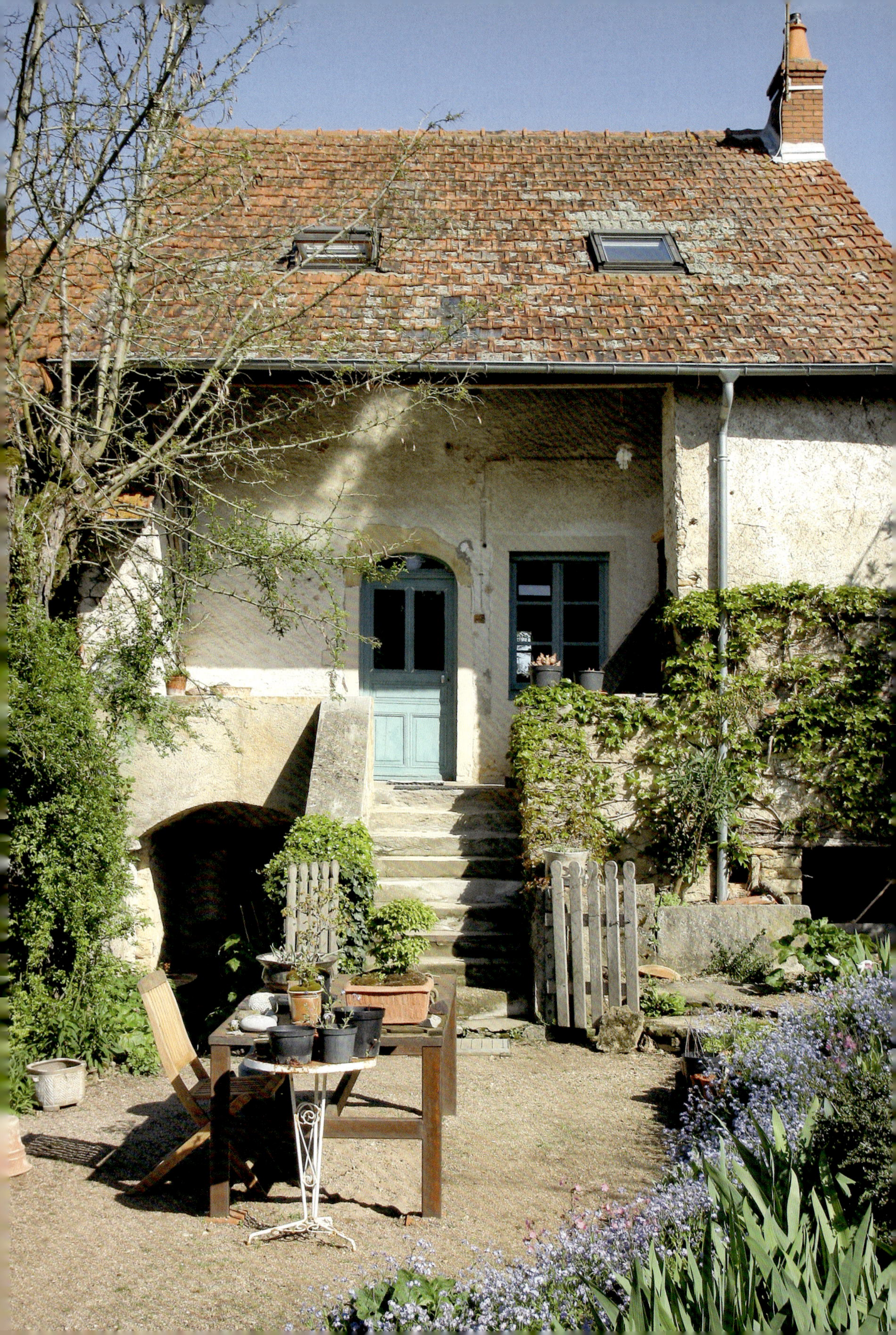

Repères biographiques

1943 Naissance à Paris le 28 octobre.
1958-60 Collège Ganneron, Paris.
1961-64 École des Arts décoratifs de Genève.
1966 Acquisition d'un four personnel à Carouge.
1971-81 Atelier à Cotignac (Var).
1981-93 Atelier à Bresse-sur-Grosne au lieu-dit Bois-Plain (Saône-et-Loire).
Depuis 1994 Atelier à Bissy-sur-Fley (Saône-et-Loire).

Expositions

Expositions personnelles

1987 Galerie Epona, Paris.
1991 Musée des Ursulines, Mâcon ; musée, Saint-Amand-les-Eaux ; musée Déchelette, Roanne.
1994 Château de Villeconin (Essonne) LARC, scène nationale, Le Creusot.
1995 Galerie Doudou Bayol, Saint-Rémy-de-Provence.
1996 Galerie Terra Viva, Saint-Quentin-la-Poterie. Galerie Moscato, Aix-en-Provence. Espace Karen Gulden, Paris.
1997 Galerie Saint Vincent, Lyon. Galerie Nadia B, Dieulefit.
1999 Galerie Magloire, Paris.
2000 Galerie Geneviève Godar, Lille.
2001 Alpha House Gallery, Sherbourne (G-B). Galerie privée, Landau (Allemagne). Le Lavoir, Clamart.
2002 Galerie de l'Ancienne Poste, Toucy. Galerie Terres d'écritures, Grignan.
2003 Galerie Nadia B, Dieulefit.
2004 Galerie Loes et Reinier, Deventer.
2005 Galerie Maya Guidi, Carouge (Suisse). Galerie Geneviève Godar, Lille.
2006 Galerie de l'Enclume, Bôle, Suisse. Galerie Terra Viva, Saint-Quentin-la-Poterie. Espace François Mitterand, Beauvais.
2007 Auberge des Arts, Givors.
2008 Galerie Loes et Reinier, Deventer. Compagnie de la Chine et des Indes, Paris.

Expositions collectives

1967 *XXVIe Concorso internazionale della ceramica*, Faenza, Italie.
1978 *Poteries populaires, poteries vernissées*, Axe Galerie, Paris.
1979 *Philippe Lambercy et ses élèves*, musée de l'Ariana, Genève.
1980 *Présence des formes*, Les Angles (Gard).
1980 *Les Métiers de l'art*, Paris, musée des Arts Décoratifs.
1981 *Poteries populaires et terre vernissée de France*, château de Lapalisse (La Tuile à loup diffusion). *L'Assiette*, Galerie Le labyrinthe, Uzès; Galerie La Main, Bruxelles; Galerie Jeanine Lyon, Denges (Suisse). *Les métiers de l'Art*, Museen der Stadt, Köln, (Allemagne).

La maison bourguignonne traditionnelle de Bissy-sur-Fley.

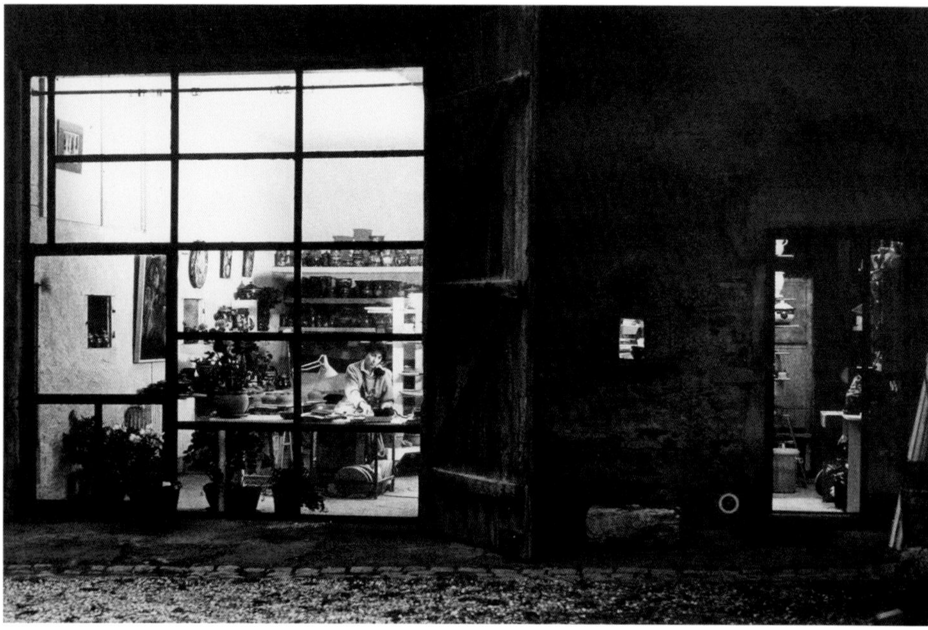

L'atelier de Bissy-sur-Fley, 1994-95.

1981 *Céramique contemporaine, sources et courants*, musée des Arts décoratifs, Paris.

1982 *8e Biennale internationale de céramique d'art,* Vallauris.
Trois Potiers de terre vernissée, abbaye Saint-Philibert, Tournus.

1987 *Terres vernissées de France,* centre culturel de Bandol.

1988 *Terre à cuire,* musée du Château, Montbéliard.
L'Europe des céramistes, Centre culturel, Abbaye Saint-Germain, Auxerre.

1989 *La Boîte,* galerie J. Lyon, Denges (Suisse).
Hommage à Max Laeuger, musée de Lörrach, (Allemagne).

1990 *Utile en terre,* galerie des Franciscains, Saint-Nazaire. *Gérard Lachens et Catherine Vanier,* Galerie J. Lyon, Denges, (Suisse).

1991 *Terres vernissées,* Galerie Loes et Reinier, Deventer (Pays-Bas).

1992 *Sarah Macé, Hervé et Josette Rousseau, Catherine Vanier,* Galerie Charlotte Henning, Darmstadt (Allemagne).

1993 *41 artistes,* Maison de la céramique, Mulhouse.

1995 *Jean-Claude de Crousaz - Catherine Vanier,* Galerie Loes et Reinier, Deventer.

1996 *Salon de la céramique,* Villeurbanne.

1997 *Bols,* Printemps des potiers, Bandol.
Terres vernissées, Galerie du Don, Montsalvy.
Terres vernissées, musée de Telegen (Pays-Bas).

1998 *Grès et Terre vernissées : Pénicaud-Vanier,* centre céramique, La Borne.
Les Théières, Printemps des potiers, Bandol.

1999 *Boîtes et Secrets,* Galerie Hamelin, Honfleur.

1999 *L'Art de la terre vernissée du Moyen Âge à l'an 2000,* musée national de Céramique, Sèvres ; musée des Beaux-Arts, Arras.

2000 *Les Pichets*, Galerie Loes & Reinier, Deventer, Pays-Bas.
2002 *Céramiques contemporaines*, Chartres de Bretagne.
2003 *Technique traditionnelle, expression contemporaine*, Printemps des potiers, Bandol. *Céramiques contemporaines*, musée national de Céramique, Sèvres.
2006 *Céramiques contemporaines*, musée des Beaux-Arts, Brest.
Les Tribulations du cuivre et de la terre, musée de la Faïence, Samadet.
Terres et feu autour de la Méditerranée, Fox-Amphoux (Var).
2007 *Daniel de Montmollin, Catherine Vanier, Pierre Martinon*, Galerie de l'Ancienne Poste, Toucy. Galerie Isis, Paris.
2008 Centre culturel international de la Tour des Ursulines, Autun.

Collections publiques

Museo della ceramica, Faenza (1967)
Musée Ziem, Martigues (1979)
Musée de l'Ariana, Genève (1989)
Musée des Ursulines, Mâcon (1991)
Musée Déchelette, Roanne (1991)
Musée, Saint-Amand-les-Eaux (1991)
Musée d'art contemporain, Dunkerque (1996)
Musée national de Céramique, Sèvres (1996, 2000)

Bibliographie

Catalogue

Geneviève BECQUART, *Catherine Vanier, Poteries récentes*, musées de Mâcon, Saint-Amand-les-Eaux, Roanne, 1991.

Articles de revue

Philippe MAGLOIRE, « Catherine Vanier », in *La Revue de la céramique et du verre*, n° 33, mars-avril 1987, p. 28-31.

Geneviève BECQUART et Jean-François GARMIER, « Catherine Vanier et la terre vernissée au musée », in *RCV*, n° 58, mai-juin 1991, p. 38-41.

Nicole CRESTOU, « Catherine Vanier sur l'étroit chemin de la création », in *RCV*, n° 96, sept.-oct. 1996, p. 22-24.

Nicole CRESTOU, « Catherine Vanier à Bandol », in *RCV*, n° 133, nov.-déc. 2003, p. 38-41.

Notices dans les catalogues

XXVI Concorso internazionale della ceramica, Faenza, 1967, p. 272.
Les Métiers de l'art, musée des Arts décoratifs, Paris, 1980, p. 25.
La Céramique contemporaine, sources et courants, musée des Arts décoratifs, Paris, 1981, p. 25.
L'Assiette, galerie Le labyrinthe, Uzès, 1981.
Galerie La Main, Bruxelles, 1981.
Galerie Jeanine Lyon, Denges, 1981, p. 43.
East-West Contemporary Ceramics exhibition, Séoul, Olympic Arts Festival, 1988, p. 59.
Hommage à Max Laeuger, musée de Lörrach (Allemagne), 1989, p. 29.
L'Europe des céramistes, Centre culturel, abbaye de Saint-Germain, Auxerre, 1989, p. 45.
L'Art de la terre vernissée du Moyen Age à l'an 2000, musée national de céramique, Sèvres, 1999, p. 211-213.
Biennal internacional de ceramica, Manises (Espagne), 2001, p. 82-85.
Cinquante ans de céramique française, 1955-2005, Une collection nationale, musée national de Céramique, Sèvres, 2005, p. 154 et 186.
Terres de feu, 40 céramistes contemporains, musée des Beaux-Arts, Brest, 2006, p. 114-115.

Notes techniques

Argiles
La décision de passer en réduction et d'augmenter la température a nécessité l'emploi d'une nouvelle argile ferrugineuse sans craie. En effet le passage de l'oxyde ferrique au ferreux provoque avec la chaux une vitrification excessive accompagnée de formation de bulles.
L'argile utilisée actuellement est composée d'une pâte rouge (type terre de Noron) et de grès de basses températures.

Engobes
Engobes blancs de Bresse et porcelaine (engobe posé au pinceau ou à la louche selon les pièces).

Glaçures
Mélange de fritte alcaline et boracique, kaolin, argile et étain (posé au pinceau).

Décor
Oxydes de cuivre, cobalt, fer et manganèse pour le noir. Le cobalt pour le bleu (en différente dilution). Le cuivre et un peu d'engobe pour le vert.

La cuisson
Biscuit à 940 °C. Émail à 1100 °C (contrôlé à la montre et au pyromètre). Réduction dès 900 °C en montant en température. Palier terminal de 20 minutes. Recherche de lustre dans une troisième cuisson à 700 °C.

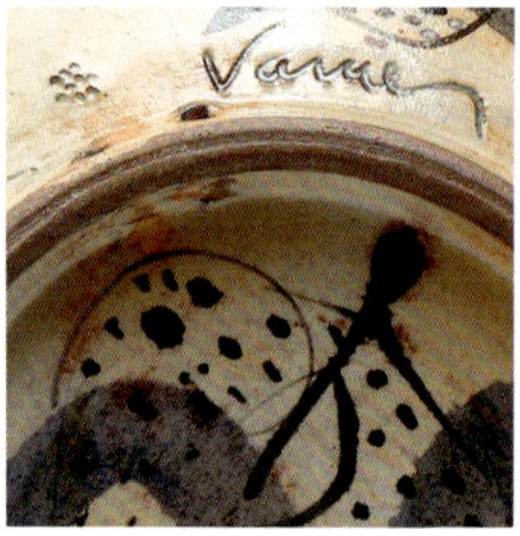

Dans les sédums spectabilis du jardin : **Bol**, 2007. Lustre au cuivre. H. 7 x 14 cm.

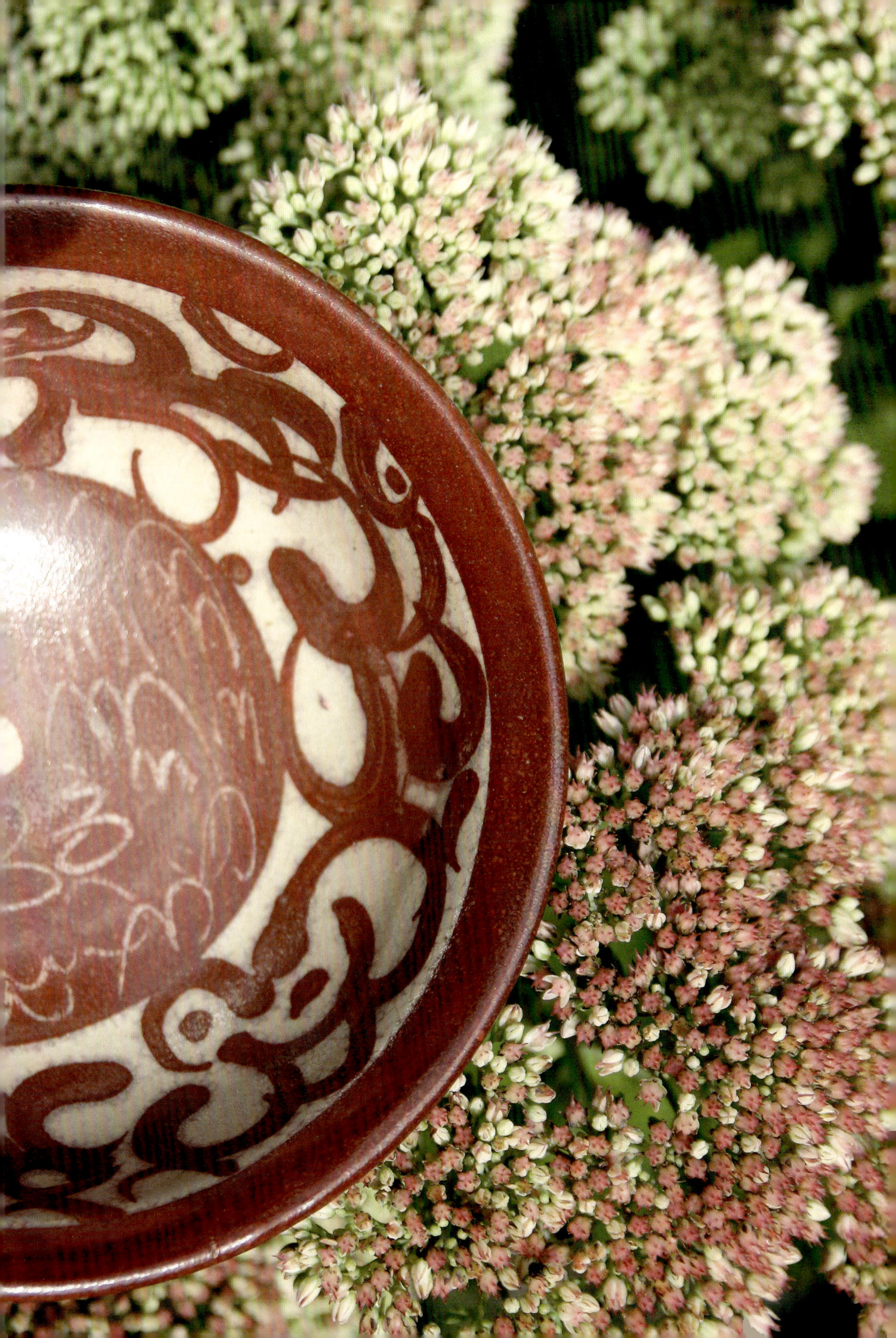

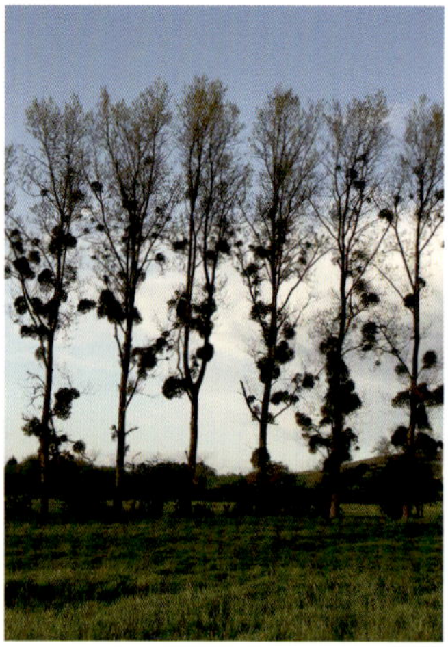

ISBN 2-908988-39-9
Dépôt légal : octobre 2008

Achevé d'imprimer le 20 octobre 2008
sur les presses de DeckersSnoeck, Antwerpen, Belgique.